AF452113

ELEMENTS

OU

PRINCIPES DE MUSIQUE,
Mis dans un nouvel Ordre.

Tres-clair, tres-facile, & tres-court, & divisez en Trois Parties.

La Premiere pour les Enfans.

La Seconde pour les Personnes plus avancez en âge.

La Troisiéme pour ceux qui sont capables de raisonner sur les Principes de la Musique.

Avec l'Estampe, la Description & l'Usage du CHRONOMETRE ou Instrument de nouvelle Invention, par le moyen duquel, les Compositeurs de Musique pourront desormais marquer le veritable mouvement de leurs Compositions, & leurs Ouvrages marquez par rapport à cet Instrument, se pourront executer en leur absence comme s'ils en battoient eux-mesmes la Mesure.

Par M. LOVLIÉ.

A PARIS,
Par CHRISTOPHE BALLARD, seul Imprimeur du Roy pour la Musique, ruë Saint Jean de Beauvais, au Mont-Parnasse.

Et chez l'AUTEUR.

M. DC. XCVI.

AVEC PRIVILEGE DV ROY.

A SON ALTESSE
ROYALE
MONSEIGNEUR
LE DUC DE CHARTRES.

ONSEIGNEUR,

L'Ouvrage que je prens la liberté de presenter à VOSTRE ALTESSE ROYALE, *a besoin d'une protection aussi puissante que la vostre, parce qu'il contient des choses nouvelles, & que c'est assez pour meriter la Critique d'un grand nombre de personnes, qui ne manquent jamais de se declarer contre tout ce qui est de nouveau, quelque avantage qu'il en puisse revenir au Public. Tout le monde sçait,* MONSEIGNEUR, *que* VOSTRE ALTESSE ROYALE,

qui est née avec les sentimens des plus grandes ames,
non seulement se fait honneur d'aimer les beaux Arts,
mais aussi qu'elle en connoît si bien toutes les finesses,
que ceux qui ont la reputation d'y exceller d'avantage,
sont étonnez de luy voir acquerir par sa penetration
seule, des Talens, qu'ils ne doivent qu'à des travaux
& à des veilles de plusieurs années : C'est ce que Vôtre
ALTESSE ROYALE nous a fait admirer, particulierement dans la Musique, pour laquelle son goût
est si exquis, & son genie si merveilleux, qu'il sert
de regle aux plus grands Maistres. Souffrez donc,
MONSEIGNEUR, que l'Auguste Nom de
V. A. R. paroisse à la teste de cet Ouvrage : Comme
elle en peut juger par elle mesme, ce sera pour moy un
témoignage autentique ; & si je suis assez heureux de
pouvoir me flater de son Approbation, il n'y aura point
de Censeur si rigide qui ne m'épargne, & qui ne se
rende à une autorité, qui est encor mieux établie par
le merite que par le rang & par la Naissance. Je suis
avec un tres profond respect,

MONSEIGNEUR,

DE VOSTRE ALTESSE ROYALE,

Le tres-humble & ttes-obéissant
serviteur,
ESTIENNE LOULIÉ

PREFACE.

'AY Composé ces Elements en faveur de tous ceux qui veulent apprendre la Musique, mais particulierement pour les Enfans.

Mon dessein est de donner au Public la Methode la plus courte pour mettre un Ecolier en état de se passer de Maître.

Je ne me sers d'aucun terme qui ne soit clair par luy même ou que je n'explique.

Je ne dis rien de ce qui regarde l'esprit qui ne se puisse entendre sans le secours d'un Maître.

Pour ce qui regarde la Machine ou les Organnes comme est l'*Isonnation*, la justesse de la *Mesure*, c'est une erreur de croire que cela se puisse bien apprendre sans Maître; Car il est constant qu'une personne qui n'a jamais chanté, quelque esprit qu'elle ait, n'apprendra jamais à chanter un Air par le meilleur Traité de Musique sans le secours de qui que ce soit, & qu'un bon Oyseau qui sera bien sifflé l'apprendra en fort peu de temps.

Je n'ay point suivi la coûtume ordinaire, qui est de commencer par la *Gamme*, de donner en mesme temps toutes les *Clefs*, les differents *Signes de Mesure*, & mesme les *Transpositions*; Ces connoissances sont non-seulement inutiles, mais mesmes embarrassantes pour des Ecoliers qui commencent, particulierement pour des Enfans;

Je n'ay mis de Leçons dans ce Traité qu'autant qu'il en a fallu pour éclaircir les Regles que je donne, afin de ne point trop grossir ce Livre; & parce que je me suis

A ij

PREFACE.

propofé de ne donner fimplement que des Principes; Je laiffe à la capacité & à la prudence des Maîtres, le foin d'en donner de proportionnées à la portée des Ecoliers : Il eft neantmoins de tres-grande confequence que les Leçons foient de bonne Mufique, & bien modulée, afin de ne point gâter par des commencements de Mufique fauvage, le bon genie qui fe peut trouver naturellement dans de certains Sujets.

J'ay divifé cét Ouvrage en Trois Parties.

Dans la Premiere Partie qui eft principalement pour les Enfans, je donne une Methode tres-facile pour apprendre à chanter en peu de temps à Livre ouvert toutes fortes de Mufique naturelle à la feule pofition de l'*Vt* fur la premiere ligne d'en bas, & à la feule Mefure de quatre temps.

Dans la Deuxiéme Partie qui eft pour les Ecoliers plus avancez, je traite des chofes plus difficiles, Sçavoir,

De la *Gamme*, des *Clefs*, de leurs differentes pofitions, des *Tranfpofitions*, de la maniere de reduire la Mufique Tranfpofée à une *Clef naturelle*, des differentes *Mefures*, de leurs *Signes*, le tout d'une maniere nouvelle & tres-methodique; Je finy cette feconde Partie en donnant un moyen pour apprendre à joindre les Parolles aux Notes.

Dans la Troifiéme Partie que j'ay compofée pour ceux qui font capables de raifonner fur les Principes de la Mufique, je traitte les chofes plus à fond.

Aprés avoir dit ce que c'eft que Mufique, ce que c'eft que Son, & parlé des differences des Sons; je donne la defcription & l'ufage de l'Inftrument qu'on appelle *Monochorde*, par le moyen duquel je montre comment on peut concevoir la diftance du *fon haut*, au *fon bas*.

Je fais voir par la maniere naturelle d'entonner qu'il n'y a que fept Sons naturels, & je donne enfuite un moyen pour trouver fur le Monochorde ces fept Sons & leurs proportions.

Je fais connoître l'ufage de la *Gamme*, j'explique ce que c'est que *Clavier*, pourquoy il eft ainfi nommé, ce que c'est que *Partie de Mufique*, je parle du *Dieze* & du *Bemol*, des *Sons naturels*, des *Sons alterez*, du *Ton* & du *demy-Ton*; je donne la maniere de trouver fur le Monochorde les Sons alterez, & leurs proportions avec les Sons naturels.

J'explique ce que c'est que *Tranfpofition*, quel en eft l'ufage, ce que c'est que *Mufique naturelle*, ce que c'est que *Mufique tranfpofée*.

Je dis quelque chofe de particulier fur les *Signes de Mefure*, je parle auffi des Intervalles, & des Parties, tant des Voix, que des Inftrumens, je donne une idée de ce qu'on appelle *Mode*.

Je paffe aux agréments du Chant, dont je donne toutes les définitions avec les Exemples.

J'explique plufieurs termes obfcurs ou qui ont plufieurs fignifications; Ce que c'est que *Deconter*, & comment il faut deconter.

Je finis par la defcription du *CHRONOMETRE*, dont je donne l'Eftampe ou la Figure & l'ufage.

Extrait du Privilege du Roy.

PAR Grace & Privilege du Roy donné à Paris le troisiéme jour de Decembre 1695. Signé DE S. HILAIRE.
Il est permis au Sieur LOULIE', de faire Graver &
Imprimer, vendre & debiter un Traité de Musique qui
a pour titre *Elements ou Principes de Musique*, avec
la description & l'usage du Chronometre, comme aussi
tous les autres Ouvrages de sa Composition, & ce du-
rant le temps & espace de douze années consecutives,
à compter du jour que ledit Traité & autres Ouvrages
auront esté achevez d'Imprimer pour la premiere fois,
Et tres-expresses deffences sont faites à tous Imprimeurs,
Libraires & autres, d'Imprimer ou vendre ledit Traité,
sans la permission de l'Auteur, à peine de trois mil li-
vres d'amende & de tous dépens, dommages & interests,
comme il est porté plus amplement au Privilege.

Achevé d'Imprimer le   Janvier 1696.
Les Exemplaires ont esté fournis.

ELEMENTS

OU

PRINCIPES DE MUSIQUE. p. 89. 90. 91. 92.

PREMIERE PARTIE.

A MUSIQUE est la science des SONS.
Les Sons se marquent & sont representez
par les *Nottes.*
Il y a sept Nottes qu'on nomme

Ut, Ré, Mi, Fa, Sol, La, Si.

On les place sur des Lignes ou dans des Espaces.

Degré. v. p. 26. 63.
p. 63. Intervalle.

LIGNES ET ESPACES.

5. Ligne	
4. Ligne	4. Espace
3. Ligne	3. Espace
2. Ligne	2. Espace
1. Ligne	1. Espace

Je pose icy l'*Ut* toujours sur la premiere ligne, jusqu'à
ce que j'aye establi ce qu'il faut sçavoir pour la connoissance des *Clefs.* Voyez la 2. Partie.

A iiij

ELEMENTS

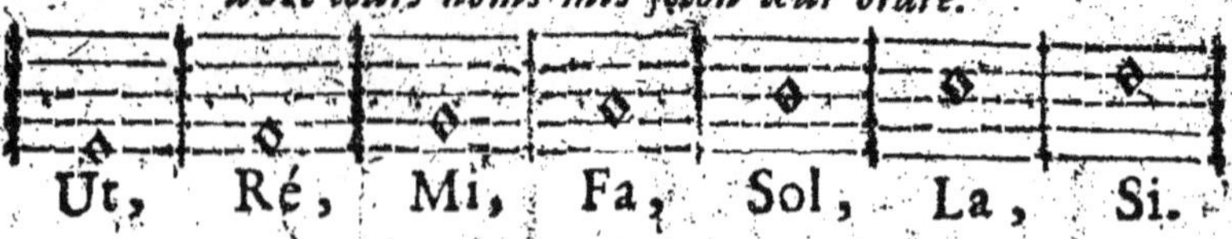

Les lignes qui vont de haut en bas, & qui separent icy les Nottes, s'appellent *Barres.*

La Notte est posée sur la ligne dont elle est trayersée.

Ainsi la premiere Notte *Ut* cy-dessus est sur la premiere ligne, parce qu'elle en est traversée.

La Notte qui n'est point traversée d'aucune ligne, est dans l'espace.

Ainsi la deuxiéme Notte *Ré* cy-dessus est dans l'Espace, parce qu'elle n'est traversée d'aucune Ligne.

On peut continuer ces Nottes tant en montant qu'en descendant.

Le Maître doit montrer à l'Ecolier à entonner Ut, Ré, Mi, Fa, Sol, La, Si, Ut, tant en montant qu'en descendant, & faire observer l'ordre de ces Nottes, c'est à dire faire remarquer que le *Ré* est au dessus de l'*Ut*, que le *Mi* est au dessus du *Ré* de la maniere suivante.

OU PRINCIPES DE MUSIQUE.
ORDRE DES NOTTES.

En montant.   En descendant.

La petite croix ✠ qui est au dessus du *Ré* à la fin de la
Leçon cy-dessus s'appelle *Tremblement*; elle marque qu'il
faut trembler, c'est au Maître à faire faire le *Tremblement*. *v. p. 70.*

ENTONNER.

Entonner, c'est passer d'une Notte à une autre en
chantant.

Dans les commencements il ne faut pas que l'Ecolier
chante seul, de peur qu'il ne prenne de faux *Tons*; il doit
apprendre à Entonner de l'*Ut* aux autres Nottes, du *Ré*
aux autres Nottes.

Et c'est ce qu'on appelle *Déconter*. Il dépendra du
Maître de donner là dessus autant de Leçons qu'il le ju-
gera à propos.

Voyez à la fin de la Troisiéme Partie ce que c'est
qu'*Entonner*, & ce que c'est que *Déconter*. *p. 77. 79.*

L E Ç O N de l'Ut aux autres Nottes en montant.

Leçon de l'Ut aux autres Nottes en descendant.

Le Maître pourra donner aussi des Leçons par *Tierce*, par *Quarte*, par *Quinte*.

Leçon par *Tierce* en montant.

Leçon par *Tierce* en descendant.

Le Maître exercera l'Ecolier sur plusieurs Leçons telles que sont les suivantes, jusqu'à ce qu'il ait acquis l'habitude de nommer aisément les Nottes, & de les entonner : Il commencera à luy faire battre la Mesure à quatre temps sans chanter

Il ne faut pas dans les commencements que l'Ecolier batte la Mesure tout seul, de peur qu'il ne prenne de mauvaises habitudes; on luy doit tenir toujours la main jusqu'à ce qu'il ait pris l'habitude de battre la Mesure également tout seul.

PETITES LEÇONS.

Première Leçon.   Seconde Leçon.

DIEZE, BEMOL, BEQUARRE. *(p. 26 53.)*

Le *Dieze* se marque ainsi X & hausse la Notte d'un *demy-Ton.*

Le *Bemol* se marque ainsi ♭ & baisse la Notte d'un *demy-Ton.*

Le *Bequarre* se marque ainsi ♮ & oste le *Bemol.*

Un *Dieze* ou un *Bemol* mis devant une Notte, sert aussi pour toutes celles qui la suivent immediatement sur le mesme *degré.*

Degré est une Ligne ou un Espace.

Le Maître fera concevoir ces Regles par les Leçons suivantes, ou par d'autres semblables. Il sera à sa discretion de faire nommer *Si* ou *Fa*, la Notte qui a un *Bemol.* Il taschera aussi de faire sentir la difference du *Ton* & du *demy-Ton*, dont on ne dit rien presentement pour ne point embarrasser.

Voyez la Troisiéme Partie.

Leçon pour le X, pour le ♭, & pour le ♮.

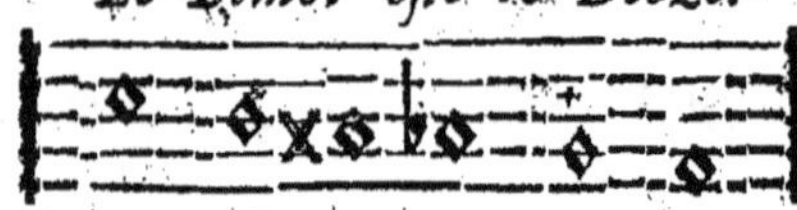

Le Bemol oſte le Dieze.

Comme je me ſuis propoſé de donner d'abord tous les Principes de Muſique à la ſeule poſition de l'*Vt* ſur la premiere ligne, je ne parle point icy de toutes les Clefs, je donne ſeulement la Clef d'*Vt*, parce qu'elle fait à mon deſſein.

CLEF D'UT.

La Clef d'*Vt* ſe marque ainſi

Elle eſt poſée ſur la ligne qui paſſe entre les deux petits quarrez qui ſont à la Clef.

Je l'ay miſe icy ſur la premiere ligne.

Elle donne ſon nom d'*Vt* à la Notte qui eſt ſur la ligne ſur laquelle ladite Clef eſt poſée.

Les Nottes ſont d'une durée plus ou moins longue, c'eſt la *Meſure* qui en regle la durée par rapport à leur *Figure*.

p.30. Voyez la Seconde Partie.

MESURE.

Je ne parle icy que de la *Mesure à quatre Temps*, pour ne point embaraffer l'Ecolier qui entendra plus facilement les autres Mefures dans la Seconde Partie, *p. 30.* par l'intelligence de celle-cy.

SIGNE de la Mesure à quatre Temps.

Le Signe de la Mefure à quatre Temps eft fait comme la lettre C, & on l'appelle du nom de cette lettre.

Le Maître fera concevoir ce que c'eft que *Temps*, en faifant battre la Mefure à quatre Temps.

FIGURE & VALLEUR DES NOTTES.

Il y a cinq figures de Nottes,

La Ronde   vaut quatre Noires ou 4 Temps.

La Blanche   vaut deux Noires ou 2 Temps.

La Noire   vaut 1 Temps.

La Croche   vaut la moitié d'une Noire.

La Double Croche   vaut la moitié d'une Croche.

Il ne faut pas que l'Ecolier batte la Mesure d'aucune Leçon qu'il n'en sçache nommer & entonner toutes les Nottes sans aucune peine.

Il faut exercer l'Ecolier en luy faisant battre la Mesure, & en luy faisant chanter des Leçons aisées de Rondes, de Blanches & de Noires.

LE POINT.

Le Point aprés la Notte en augmente la valleur de la moitié: ou plutot du tiers.

La Ronde pointée   vaut six Noires.

La Blanche pointée   vaut trois Noires.

La Noire pointée   vaut trois Croches.

La Croche pointée   vaut trois doubles Croches.

CROCHES.

Il faut chanter deux Croches dans un mesme Temps
sans rémuer la main.

NOIRE POINTÉE.

Le Point de la Noire dans la Mesure à quatre Temps,
se conçoit & s'étudie comme une Croche.

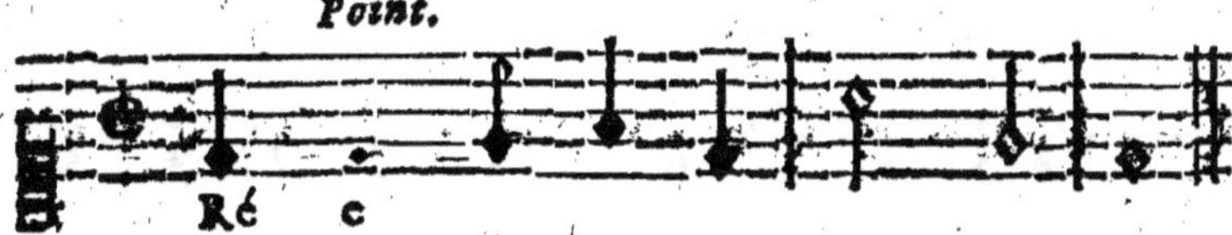

Quand le Point n'est pas du mesme Temps que la Notte
qui le precede, il le faut concevoir & l'étudier comme
une Notte; Voyez à la fin de cette premiere Partie.

DOUBLES CROCHES.

La premiere & la troisiéme Double Croche de chaque Temps sont longues.

Il faut chanter quatre Doubles Croches dans un mê-me Temps sans remuer la main.

C'est au Maître à faire concevoir & à faire executer ces Regles.

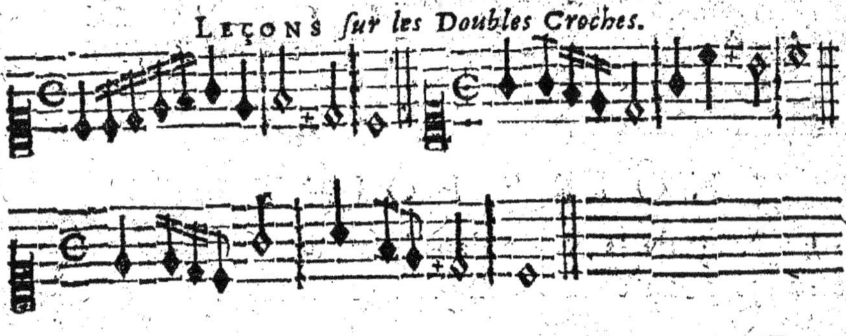

PREMIERE CROCHE POINTE'E.

Quand le Point est du mesme Temps que la Croche qui le precede, il faut tenir en chantant cette Croche un peu plus long temps, & passer viste la Double Croche suivante, dans un mesme Temps sans remuer la main.

NOIRE

NOIRE SYNCOPE'E ou COUPE'E.

La Noire Syncopée est celle qui n'est point renfermée dans un mesme Temps.

Il la faut concevoir & l'étudier comme deux Croches, c'est à dire qu'il faut nommer deux Croches au lieu d'une Noire.

Toute Notte syncopée se doit concevoir & s'étudier comme deux Nottes ; Voyez à la fin de cette 1. Partie.

SECONDE CROCHE POINTE'E.

Il faut concevoir & étudier le Point d'une seconde Croche, comme si c'estoit une Notte double Croche.

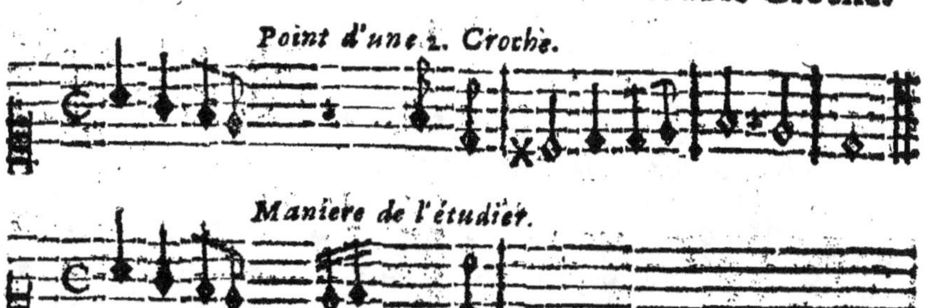

Le Point de la seconde moitié d'un Temps s'étudie comme une Notte. Voyez à la fin de cette 1. Partie.

B

SILENCES OU PAUSES.

Comme il y a des Caractéres pour chanter il y en a pour se taire; On les appelle *Silences* ou *Pauses*.

NOMS, FIGURES & VALLEUR
des Silences ou Pauses.

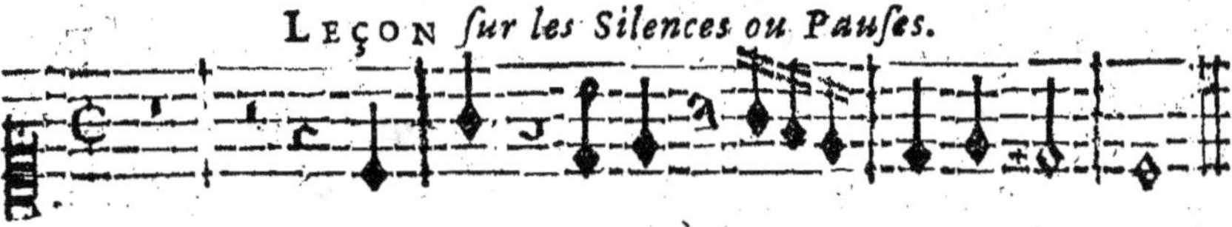

Une Pause vaut autant qu'une Ronde.
Le Soupir vaut autant qu'une Noire.

LEÇON *sur les Silences ou Pauses.*

Maniere de concevoir & d'étudier le POINT qui n'est pas du mesme Temps que la Notte.

Le Point de la Noire dans la Mesure de quatre Temps a quelque difficulté pour ceux qui commencent; Voicy de quelle maniere il faut l'étudier.

Aprés qu'on a chanté la Noire, il faut en chantant repeter le nom de cette Notte au lieu du Point, comme

ſi le Point eſtoit une Croche, & v joindre la Croche ſuivante dans un meſme Temps ſans remuer la main.

E X E M P L E.

Point.

Maniere de l'étudier.

Dans l'Exemple cy-deſſus aprés qu'on a chanté la Notte
Ré noire, il faut repeter en chantant le nom de Ré au
lieu du Point, comme ſi le Point eſtoit un Ré croche, &
le joindre à la croche ſuivante qui eſt un Mi dans le deuxiéme Temps ſans remuer la main : Et aprés qu'on a fait
cela deux ou trois fois plus ou moins, il faut recommencer à chanter la Notte Ré noire, & repeter en chantant la voyelle de la ſyllabe Ré au lieu du Point, comme
ſi le Point ſe nommoit e, & le joindre à la croche ſuivante dans un meſme Temps ſans remuer la main, & s'ac-
coûtumer enſuite à chanter le Point ſans repeter le nom
de Ré ny la voyelle e, mais faire durer le Ré un Temps
& demy.

Cela s'appelle concevoir & étudier le point d'une Noire
comme ſi c'eſtoit une Croche.

Ce que je dis du point de la Noire dans la Meſure
à quatre Temps, ſe doit entendre de tous les autres Points
qui ne ſont pas du meſme Temps que la Notte, leſquels
il faut tenir à proportion de leur valleur.

B ij

Maniere de concevoir & d'étudier la Noire Syncopée dans la Mesure à quatre Temps.

Noire Syncopée.

Maniere de l'étudier.

Dans l'Exemple cy-dessus il faut chanter deux Croches, à la place de la Notte syncopée ; c'est à dire qu'il faut repeter deux fois le nom de *La* comme il est notté au dessous, en joignant le *Ré* avec le premier *La* dans le premier Temps, & le deuxiéme *La* avec le *Sol* dans le deuxiéme Temps. Et quand on a fait cela deux ou trois fois plus ou moins, il faut recommencer en nommant *La* en chantant, pour la premiere Croche de la syncope, & *a* pour la deuxiéme Croche de la syncope, & s'accoutumer petit à petit à chanter la Noire syncopée sans nommer deux fois.

Cela s'appelle concevoir & étudier la Noire syncopée comme deux Croches.

Ce que je dis de la Noire syncopée qui ne vaut que deux demi-Temps dans la Mesure de quatre Temps, se doit entendre de toutes les autres Nottes syncopées dans quelqu'autre Mesure que ce soit, lorsqu'elles ne vallent que deux demi-Temps.

Fin de la Premiere Partie.

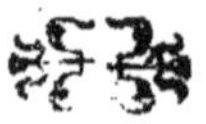

ELEMENTS

OU

PRINCIPES DE MUSIQUE,

SECONDE PARTIE.

 N met une des sept premieres lettres de l'Alphabet devant le nom de chaque Son ou Notte, pour en mieux retenir l'ordre.

Ces lettres ainsi jointes aux noms des Sons ou Nottes, & disposées selon l'ordre Alphabetique, est ce qu'on appelle *Gamme*.

<table>
<tr><td colspan="2">GAMME
selon l'ordre des Lettres.</td><td colspan="2">La mesme GAMME
selon l'ordre des Nottes.</td></tr>
<tr><td>A</td><td>La</td><td>C</td><td>Ut</td></tr>
<tr><td>G</td><td>Sol</td><td>B</td><td>Si</td></tr>
<tr><td>F</td><td>Fa</td><td>A</td><td>La</td></tr>
<tr><td>E</td><td>Mi</td><td>G</td><td>Sol</td></tr>
<tr><td>D</td><td>Ré</td><td>F</td><td>Fa</td></tr>
<tr><td>C</td><td>Ut</td><td>E</td><td>Mi</td></tr>
<tr><td>B</td><td>Si</td><td>D</td><td>Ré</td></tr>
<tr><td>A</td><td>La</td><td>C</td><td>Ut</td></tr>
</table>

La *Gamme* est ainsi nommée du nom de la lettre Grecque *GAMMA*, parce qu'anciennement la Table des Sons commençoit par cette lettre.

C'est par une raison semblable que la Table des lettres se nomme *Alphabet* du nom des premieres lettres Grecques *Alpha Beta*.

J'ay retranché de la Gamme qu'on appelle communément *Gamme par Si*, la premiere colomne ou voix de Bemol, parce qu'il n'y a pas plus de raison d'y mettre les voix de Bemol que les voix de Dieze ou de Bequarre, les premieres n'estant pas plus naturelles que les dernieres, & que d'ailleurs elles sont inutiles & embarrassantes, outre que l'explication de ces Colomnes est l'écueil des meilleures Methodes.

J'appelle la *Gamme* telle que je la donne GAMME SIMPLE.

Il faut observer que quand le nom de la lettre C est joint avec l'un de ces mots, *Barré*, *Simple*, comme C *Barré*, C *Simple*, il faut entendre un Signe de Mesure; Mais quand il est seul, ou quand il est joint avec le nom d'un son comme C *Ut*, il faut entendre une lettre de la *Gamme*. Voyez la troisiéme Partie où il est parlé de la *Gamme*.

CLEFS.

Trois des sept lettres de la Gamme, Sçavoir le C, le G, & l'F, s'appellent *Clefs*, parce qu'estant mises l'une ou l'autre au commencement des lignes de Musique, elles donnent l'ouverture pour connoître le nom des Nottes.

CLEF D'E G.

Le G se fait ainsi , & s'appelle Clef de G, ou Clef de G *sol*, ou simplement Clef de *Sol*.

Cette Clef se met sur la premiere ou sur la deuxiéme ligne d'en bas, sçavoir sur celle qui traverse le petit cercle qui est au bas de la Clef.

CLEF DE C.

Le C se fait ainsi 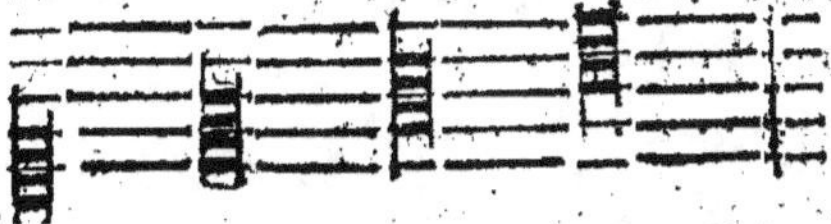, & s'appelle Clef de C, ou Clef de C *ut*, ou simplement Clef d'*Vt*.

Cette Clef se pose sur une des quatre premieres lignes, sçavoir sur celle qui passe entre les deux petits quarrez qui sont à la Clef.

CLEF D'F.

L'F se fait ainsi , ou   , & s'appelle Clef d'F, ou Clef d'F *fa*, ou simplement Clef de *Fa*.

Cette Clef se pose sur la troisiéme ou sur la quatriéme ligne, sçavoir sur celle qui passe entre les deux points ou lozanges de la Clef.

Les Clefs se posent toujours sur une ligne & jamais dans l'espace.

B iiij

Les Clefs donnent leur nom aux Nottes qui sont posées sur leur même ligne,

E X E M P L E. 

La premiere Notte cy dessus s'appelle *Sol*, parce qu'elle est posée sur la mesme ligne où est posée la Clef de *Sol*.

La deuxiéme Notte s'appelle *La*, ainsi des autres, soit
en montant soit en descendant, suivant l'ordre des Nottes.

La premiere Notte cy-dessus, outre son nom de *Sol*,
s'appelle encore G, parce qu'elle est posée sur la même
ligne que la Clef de G.

La deuxiéme Notte cy-dessus, outre son nom de *La*,
s'appelle encore A, parce qu'elle est posée immediatement au dessus de la ligne G qui est A, ainsi des autres
suivant l'ordre des lettres.

Il faut observer que par une lettre on doit entendre le
nom de la Notte qui dans la Gamme est jointe à cette
lettre; Ainsi par la lettre G il faut entendre *Sol*, qui dans
la Gamme est joint à la lettre G; Par la lettre A, il faut
entendre *La*, ainsi des autres.

Cecy ne doit s'entendre que des Musiques naturelles,
dont il est parlé cy-aprés.

Il est bon que l'Ecolier qui commence à chanter aisément à la Clef de C *ut* posée sur la premiere ligne, ait
une idée de toutes les autres Clefs; mais il ne faut pas
qu'il s'attache à les étudier toutes à la fois, il suffira qu'il
s'exerce sur la Clef de C *ut*, & sur la Clef de G *sol* posées
sur la premiere ligne, jusqu'à ce qu'il y soit fort, & alors
il pourra s'exercer sur toutes les autres positions de Clefs
que j'ay mises icy.

DIFFERENTES POSITIONS DES CLEFS.

Il n'y a que sept manieres de poser toutes les Clefs.

Les Clefs cy-deſſus s'appellent *Clefs Naturelles.*

LEÇONS sur les sept differentes Poſitions des Clefs.

Il n'y a point de Muſique qui ne ſe reduiſe à l'une des ſept poſitions cy-deſſus dans quelque *Tranſpoſition* que ce ſoit.

Obſervez que le mot de *Muſique*, qui ſignifie la *Science des Sons*, eſt employé par les Muſiciens pour ſignifier encore toutes ſortes de Chants nottez, & c'eſt dans ce dernier ſens qu'il le faut prendre icy, & qu'il le faudra prendre dans la ſuite de ce Traitté.

TRANSPOSITION.

Transposer, c'est détacher ou déplacer le nom d'*Vt* de la lettre C à laquelle il est naturellement attaché dans la Gamme, & le transposer, ou le placer avec une autre lettre; Voyez dans la troisiéme Partie, l'endroit où il est parlé de la Transposition.

Par le mot de *Transposition* on peut aussi entendre l'art de reduire la Musique qui est Transposée, à une Clef Naturelle.

Musique Transposée, est celle qui a un ou plusieurs Diezes, ou bien un ou plusieurs Bemols immediatement aprés la Clef.

Musique Naturelle, est celle qui n'a ny Dieze ny Bemol immediatement aprés la Clef.

Clef Transposée est celle immediatement aprés laquelle il y a un ou plusieurs Diezes ou Bemols.

Clef Naturelle est celle immediatement aprés laquelle il n'y a ny Dieze ny Bemol, telles que sont celles dont on a donné cy-devant les differentes Positions.

Dans la Musique naturelle il faut nommer les Nottes par rapport à la Clef, comme il a esté enseigné.

A l'égard de la Musique transposée, il faut s'y prendre de la maniere suivante.

METHODE
Pour reduire la Musique Transposée à une Clef naturelle.

Quand il se trouve deux Diezes ou deux Bemols posez immediatement aprés la Clef, au huitiéme degré, c'est à dire à l'Octave l'un de l'autre, les deux ne sont contez que pour un.

Degré est une ligne ou un espace.

Ces deux Dieses ne sont comptez que pour un.

Ces trois Dieses ne sont comptez que pour deux.

Ces deux Bemols ne sont comptez que pour un.

Ces trois Bemols ne sont comptez que pour deux.

Toutes les Regles pour reduire la Musique transposée à une Clef naturelle, se peuvent rapporter aux deux suivantes.

1. REGLE. *Le dernier Dieze est une Clef de Si.*

2. REGLE. *Le dernier Bemol est une Clef de Fa.*

C'est à dire que le degré où est posé le dernier Dieze se nomme *Si*, comme si ce dernier Dieze estoit pour ainsi dire une Clef de *Si* ; Et que le degré où est posé le dernier Bemol se nomme *Fa*, comme si ce dernier Bemol estoit une Clef de *Fa*.

Pour connoître quel est le dernier Dieze ou quel est le dernier Bemol, il en faut sçavoir l'ordre, c'est à dire connoître le 1. le 2 le 3. &c.

Quand il n'y a qu'un Dieze ou qu'un Bemol, il est le premier & le dernier.

Quand il n'y a que deux Diezes ou que deux Bemols differents, c'est le deuxiéme qui est le dernier.

Quand il n'y a que trois Diezes ou que trois Bemols differents, c'est le troisiéme qui est le dernier.

Ainsi de quatre, de cinq, & de six.

ORDRE DES DIEZES.

Les Diezes qui font immediatement aprés la Clef, doivent eftre pofez au cinquiéme degré l'un de l'autre, c'est à dire de quinte en quinte en montant, ou ce qui est la mefme chofe, de quarte en quarte en defcendant.

Le 1. Dieze doit eftre pofé toujours fur l' F.
Le 2. . . . . fur le C.
Le 3. . . . . fur le G.
Le 4. . . . . fur le D.
Le 5. . . . . fur l' A.
Le 6. . . . . fur l' E.

Dans le 1. Exemple les deux Diezes ne font comptez que pour un.

Ce Dieze est pofé fur l' F, il est le premier & le dernier.

La premiere Notte fe nomme *Si*, parce qu'elle est pofée fur le même degré que le dernier Dieze. La feconde Notte est un *Vt*.

Il faut concevoir & chanter un Air qui feroit notté à la Clef de C fur la premiere ligne avec un Dieze immediatement aprés la Clef, comme s'il eftoit notté à la Clef de C naturelle pofée fur la 3. ligne; & cela s'appelle reduire la Mufique tranfpofée à une Clef naturelle.

Dans le 2. Exemple les trois Diezes ne font comptez que pour deux.

Le deuxiéme Dieze est pofé fur le C.

Ce deuxiéme Dieze est le dernier.

La premiere Notte fe nomme *Si*, ainfi des autres.

ORDRE DES BEMOLS.

Les Bemols qui font immediatement aprés la Clef, doivent eſtre poſez au quatriéme degré l'un de l'autre, c'eſt à dire de quarte en quarte en montant, ou ce qui eſt la même choſe de quinte en quinte en deſcendant.

Le 1. Bemol doit eſtre poſé toujours ſur le B.
Le 2. . . . . . . ſur l'E.
Le 3. . . . . . . ſur l'A.
Le 4. . . . . . . ſur le D.
Le 5. . . . . . . ſur le G.
Le 6. . . . . . . ſur le C.

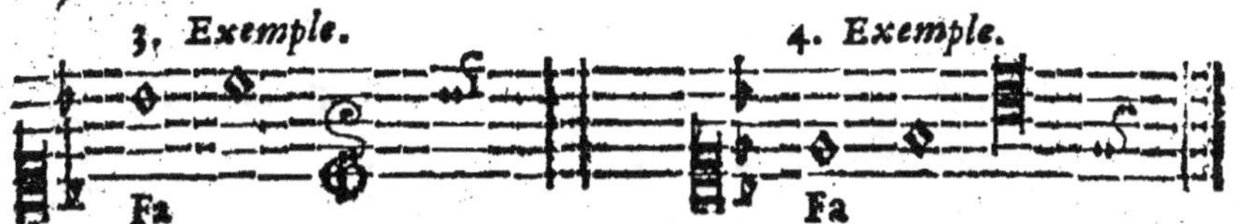

Dans le troiſiéme Exemple les deux Bemols ne ſont comptez que pour un.

Ce Bemol eſt poſé ſur le B.

Il eſt le premier & le dernier.

La premiere Notte ſe nomme *Fa*, parce qu'elle eſt poſée ſur le même degré que le dernier Bemol, & la deuxiéme Notte ſe nomme *Sol*.

Dans le quatriéme Exemple les trois Bemols ne ſont comptez que pour deux.

Ce deuxiéme Bemol eſt poſé ſur l'E.

Il eſt le dernier.

La premiere Notte eſt un *Fa*, ainſi des autres.

FIGURE ET VALLEUR
DES NOTTES.

Les Nottes font d'une durée plus ou moins longue les unes que les autres, c'eſt la Meſure qui en regle la durée par rapport à leur figure.

p. 7 & 12.

On a donné dans la premiere Partie la figure & la valleur des Nottes, excepté de celles-cy.

Maxime.   *Longue ou quarrée à queuë.*   *Quarrée.*   *Triple Croche.*

La *Maxime* vaut huit Rondes.

La *Longue* ou quarrée à queuë vaut quatre Rondes.

La *Quarrée* vaut deux Rondes.

La *Triple Croche* ne vaut que la moitiée d'une double Croche.

Les trois premieres Nottes cy-deſſus ne ſont d'uſage que dans les Ouvrages de Muſique des Anciens ou des Eſtrangers.

La Triple Croche n'eſt guere d'uſage que dans la Muſique pour les Inſtruments.

MESURE.

Battement.

La Meſure eſt un nombre de Battements égaux qui ſervent à regler la durée des Sons.

C'eſt à dire que la Meſure ſert à faire demeurer ſur les Nottes plus ou moins de temps à proportion de leur valleur.

Battement eſt un petit mouvement du pied ou de la main, qui ſe fait de bas en haut.

Le Battement qui se fait en bas s'appelle *Frapper*.

Le Battement qui se fait en haut s'appelle *Lever*.

Il y a deux *Frappers*.

  1. FRAPPER. 2. FRAPPER.

Il y a deux *Levers*.

  1. LEVER. 2. LEVER.

Le Battement s'appelle encore *Temps*.

Le *Temps* est proprement la durée d'un Battement jusqu'au commencement d'un autre Battement.

Mesure se prend encore dans un autre sens, pour la durée des *Temps* depuis un premier frapper, jusqu'à un autre premier frapper.

Mouvement est la vitesse ou la lenteur des Battements.

La Mesure & le Mouvement sont des choses differentes, Nous en avons un exemple dans le *Menuet* & dans la *Sarabande* qui sont de même Mesure de trois Temps, & qui neantmoins sont de mouvements differents ; les Temps du Menuet estant bien plus vistes que ceux de la Sarabande.

Il y a six sortes de Mesure, sçavoir.

   De deux Temps.
   De trois Temps.
   De quatre Temps.
   De six Temps.
   De neuf Temps.
   De douze Temps.

Toutes ces six differentes Mesures se marquent chacune par differents Caracteres qu'on appelle *Signes de Mesures*, & qui se mettent aprés la Clef.

SIGNES
De la Mesure à deux Temps, avec leurs noms.

Deux.   C Barré.   Deux quatre.

2 $\frac{2}{4}$

La Mesure à deux Temps ne se bat que d'une manière;
Un *Frapper*, & un *Lever*.

Le 1. & le 3. quart de chaque Temps sont plus longs que le 2. & que le 4. quoy qu'ils soient marquez égaux, dans quelque Mesure que ce soit.

Quand le Signe est couppé par une Barre, cela marque qu'il faut battre la Mesure plus viste.

Le ₵ Barré est proprement le Signe de quatre Temps vistes, neantmoins l'usage veut qu'on s'en serve pour le Signe de deux Temps lents.

J'ay mis les Silences ou Pauses au dessous des Nottes dans tous les Exemples, afin qu'on en puisse mieux connoître la valleur.

Dans quelque Signe que ce soit;

Le Soupir   vaut toujours une Noire.

Le Demy-Soupir   vaut toujours une Croche.

Le Quart de Soupir   vaut toujours une Double Croche.

Le Triple Crochet   vaut toujours une Triple Croche.

La Pause r vaut toujours une Mesure excepté dans le $\frac{3}{1}$ où elle ne vaut qu'un Temps, & dans la Mesure à douze Temps où elle ne vaut qu'une demie Mesure.

SIGNES

De la Mesure à trois Temps, avec leurs noms.

Trois un.	Trois deux ou Triple double.	Trois quatre	Trois huit.	Trois seize.	Triple simple.
$\frac{3}{1}$	$\frac{3}{2}$	$\frac{3}{4}$	$\frac{3}{8}$	$\frac{3}{16}$	3

Le Triple simple est la même chose que le $\frac{3}{4}$

La Mesure à trois Temps se bat de trois manieres.

1°. Deux Frappers & un Lever pour les mouvements lents.

2°. Un Frapper qui vaut deux Temps, & un Lever pour les mouvements plus vistes.

3°. Un Frapper qui vaut trois Temps pour les mouvements tres-vistes.

La seconde maniere de battre la Mesure à trois Temps, semble n'estre pas conforme à la définition de la Mesure, qui porte que *la Mesure est un nombre de battements égaux.* Neantmoins il n'y a point de contradiction, car il faut concevoir que ce Frapper vaut deux Battements ou Temps, dont chacun est égal au Lever; Si on ne les marque pas distinctement, c'est pour une plus grande commodité; Cecy se doit entendre aussi de la troisiéme maniere de battre la Mesure à trois Temps, où le Frapper renferme trois Temps, aussi bien que des Mesures à 6, à 9, & à 12. Temps.

C

Dans quelque Signe de Mesure que ce soit,

Les Battements doivent estre plus ou moins lents, à proportion de la valeur de chaque Temps.

Par exemple, le $\frac{3}{1}$ se doit battre plus lentement que le $\frac{3}{4}$, parce que dans le $\frac{3}{1}$ les Temps sont des Rondes, & que dans le $\frac{3}{4}$ les Temps ne sont que des Noires.

Dans quelque Mesure que ce soit particulierement dans la Mesure à trois Temps, les demy-temps s'executent de deux manieres differentes, quoy que marquez de la même maniere.

1°. On les fait quelquefois égaux.

Cette maniere s'appelle *détacher les Nottes*, on s'en sert dans les chants dont les sons se suivent par Degrez interrompus.

2°. On fait quelquefois les premiers demy-temps un peu plus longs.

Cette maniere s'appelle *Lourer*. On s'en sert dans les chants dont les sons se suivent par Degrez non interrompus.

On appelle *Degré interrompu* lorsqu'un son est suivy d'un autre son qui est au 3. ou 4. degré & plus du &ae;, soit en montant, soit en descendant, comme ré, la, fa,

Il y a encore une troisiéme maniere, où l'on fait le premier demi-temps beaucoup plus long que le deuxiéme, mais le premier demi-temps doit avoir un point.

On appelle cette 3. maniere *Piquer*, ou *Pointer*. Voyez la troisiéme Partie.

V. p. 14.

SIGNES

De la Mesure à quatre Temps, avec leurs noms.

C Simple.   C Barré.   Quatre huit.

La Mesure à quatre Temps ne se bat que d'une maniere,
deux Frappers, & deux Levers.

Le C Barré est le Signe de quatre Temps vistes.   *p. 60.*

L'on a dit qu'on se sert aussi du C Barré pour le signe de deux Temps lents.

Remarquez que le $\frac{4}{8}$ se bat en deux Temps, deux Croches pour chaque Temps pour une plus grande commodité, mais toutes les Croches en sont égalles, à la difference du $\frac{2}{4}$ où la 1. & la 3. Croches, sont plus longues que la 2. & que la 4.   C ij

SIGNES
De la Mesure à six Temps, avec leurs noms.

Six quatre.	Six huit.	Six seize.
6	6	6
4	8	16

La Mesure à six Temps se bat de deux manieres.

1°   Un 1. Frapper qui vaut deux Temps.
     Un 2. Frapper qui vaut un Temps.
     Un 1. Lever qui vaut deux Temps.
     Un 2. Lever qui vaut un Temps.
Cette maniere de battre est pour les Airs lents.

2°   Un Frapper qui vaut trois Temps.
     Un Lever qui vaut trois Temps.
Cette maniere de battre est pour les Airs vistes.

Comme cette Mesure est composée de deux Mesures à trois Temps, les Ecoliers peuvent la battre à trois Temps en faisant deux Mesures d'une seule.

Dans les Signes de la Mesure à six Temps, la Pause vaut une Mesure, & la demie Pause vaut une demie Mesure.

SIGNES

De la Mesure à neuf Temps, avec leurs noms.

Neuf quatre.	Neuf huit.	Neuf seize.
9	9	9
4	8	16

La Mesure à neuf Temps ne se bat que d'une maniere.

Un premier Frapper qui vaut trois Temps.

Un deuxiéme Frapper qui vaut trois Temps.

Un Lever qui vaut trois Temps.

La Mesure à neuf Temps est composée de trois Mesures de trois Temps.

Elle se peut battre à trois Temps, trois Mesures pour une seule.

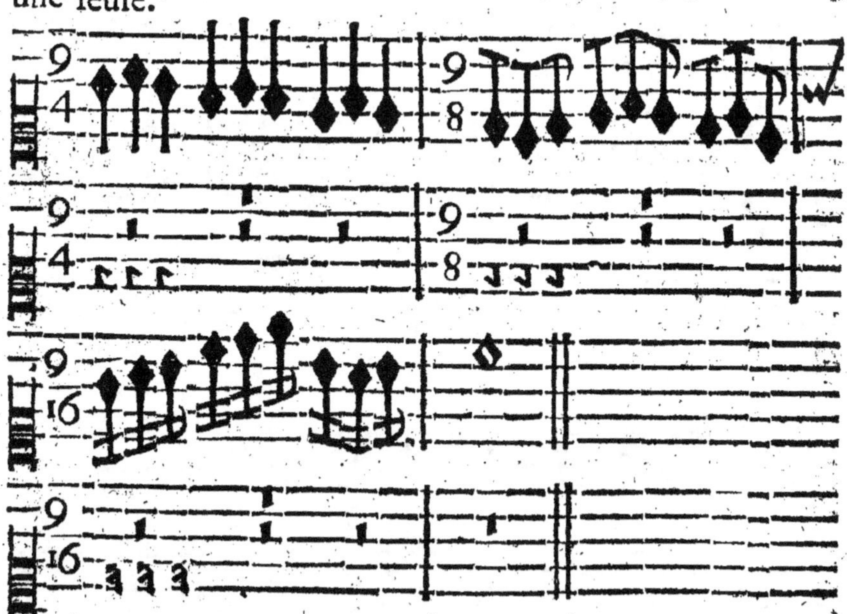

Dans les Signes de la Mesure à neuf Temps, la Pause vaut une Mesure, c'est à dire neuf Temps. La demie Pause vaut un Frapper ou un Lever, c'est à dire trois Temps.

C iij

SIGNES

De la Mesure à douze Temps, avec leurs noms.

Douze quatre.   *Douze huit.*   *Douze seize.*

$$\frac{12}{4}\qquad\frac{12}{8}\qquad\frac{12}{16}$$

La Mesure à douze Temps ne se bat que d'une maniere.

Un premier Frapper qui vaut trois Temps.

Un deuxiéme Frapper qui vaut trois Temps.

Un premier Lever qui vaut trois Temps.

Un deuxiéme Lever qui vaut trois Temps.

La Mesure à douze Temps est composée de quatre Mesures à trois Temps.

Elle se peut battre à trois Temps; quatre Mesures pour une seule.

Dans les Signes de la Mesure à douze Temps, le Bâton de deux Pauses vaut une Mesure, c'est à dire douze Temps.

La Pauſe vaut deux frappers ou deux levers.

La demie Pauſe vaut un frapper ou un lever

Dans les ſignes compoſez de deux chiffres, le chiffre d'en haut eſt proprement le ſigne de la Meſure, & marque en combien de Temps il la faut battre, & le chiffre d'en bas marque la valleur du Temps.

Exemple. Dans le ſigne $\frac{3}{4}$ le chiffre d'en haut qui eſt 3 marque que la Meſure ſe doit battre à trois Temps, & le chiffre d'en bas qui eſt 4 marque que chaque Temps vaut un quart, c'eſt à dire une Noire. Car

La Ronde   eſt une entiere & ſe marque par le chiffre 1
La Blanche   eſt un demi & ſe marque par le chiffre 2
La Noire . .   eſt un quart & ſe marque par le chiffre 4
La Croche .   eſt un huit & ſe marque par le chriffre 8
La double Croche eſt un ſeize & ſe marque par le chiffre 16

Ces cinq chiffres 1. 2. 4. 8. 16. qui repreſentent la valleur des cinq Nottes, ſe mettent ſous les Signes de Meſures 2, 3, 4, 6, 9, 12.

Voyez ce qui eſt dit de la Meſure dans la 3. Partie.

DIFFERENTS CARACTERES
Dont on ſe ſert dans la Muſique, pour marquer diverſes choſes.

Le Guidon ſe fait ainſi. Il ſe met à la fin des lignes de Muſique, & marque le degré où doit eſtre ſcituée la premiere notte de la ligne ſuivante.

La Separation ou grande Repriſe ou ſe met au milieu d'un Air, & marque la fin de la premiere Partie; Quand la Separation eſt ponctuée, il faut recommencer la premiere Partie de l'Air ; quand elle n'est pas ponctuée, il ne faut pas recommencer.

La petite Reprise ⸫ montre qu'il faut reprendre à la Notte qui en est marquée.

Le Point d'Orgue ⌣ ou ⌢ marque qu'il faut demeurer.

La Liaison ⌣ ou ⌢ qui renferme deux Nottes sur le mesme degré, marque qu'il ne faut pas repeter le nom de la deuxiéme Notte, mais tenir la voix autant que valent la premiere & la deuxiéme Notte.

Le Cercle pour passer est une Liaison qui se met sous la Separation ou grande Reprise, pour marquer qu'il faut passer à la 2. fois, tout ce qui est compris depuis le commencement du Cercle jusqu'à la Separation.

L'Usage & la Pratique enseigneront mieux ces choses, que tout ce qu'on en peut dire.

METHODE

Pour apprendre à chanter les Parolles.

Aprés avoir donné tous les Principes qui peuvent servir à apprendre à chanter les Nottes de toutes sortes de Musique, il ne reste plus qu'à marquer comment il s'y faut prendre pour étudier les Parolles.

Quoy qu'il y ait plusieurs observations à faire sur la maniere de chanter les Parolles, je me borne à donner seulement celles qui sont les plus necessaires, & sans lesquelles on auroit peine à apprendre à les joindre aux Nottes en chantant.

Quand un Ecolier fçait chanter aifément à Livre ouvert, c'eft à dire fans avoir prevû, les Nottes fur les Clefs Naturelles de C & de G pofées fur la premiere ligne, de quelque Mufique & de quelque Mefure que ce foit, & qu'avec cela, il fçait les Tranfpofitions, & qu'il eft capable de chanter feurement, aprés avoir prevû, toutes fortes de Mufique à quelque Clef que ce puiffe eftre, Naturelle ou Tranfpofée, on peut à coup feur le mettre aux Parolles.

Il ne faut pas donner dans les commencements des Leçons de parolles que fur de la Mufique aifée & naturelle, & choifir la Clef où l'Ecolier ait le plus d'habitude, afin que fon efprit ne foit occupé que des parolles; Les Trio à chanter de Monfieur de Lully & routes les autres Mufiques de ce ftyle, font trés-propres pour cela; Ainfi il faudroit remettre à la Clef qu'on auroit choifie, toutes les Leçons qui feroient fur une autre Clef.

Il faut que l'Ecolier chante les Nottes de la Leçon toute entiere dont il veut étudier les parolles, d'un bout à l'autre, devant que de commencer à joindre les Parolles aux Nottes; Quand il en eft feur, & qu'il n'y a aucun endroit qui puiffe l'arrefter il s'y prendra de la maniere fuivante.

Suppofons qu'un Ecolier veüille étudier les parolles de la Leçon fuivante, qui eft le commencement d'un Air imprimé le mois de Janvier de cette année 1696.

Tournez.

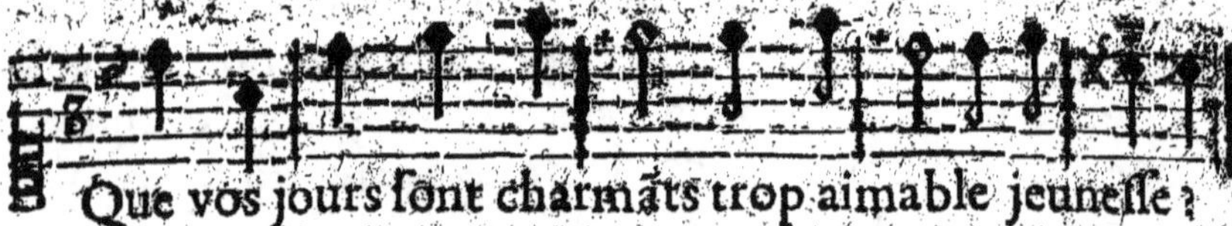

Il chantera les Nottes *Ré La Ré* de la premiere Meſure juſqu'à la 2. lentement & ſans battre la Meſure, comme ſi ces Nottes eſtoient des Blanches; enſuite il chantera les parolles, *Que vos jours* au lieu de *Ré La Ré:* Il chantera enſuitte les Nottes *Mi Fa Mi*, & puis les parolles *ſont charmants*, il recommencera à chanter de ſuite les Nottes *ré la ré mi fa mi*, & les parolles *Que vos jours ſont charmants:* il continuera à chanter les Nottes *mi fa ré* & les parolles *trop aima*, & achevera *ré mi ut ut*, & les parolles *ble jeuneſſe*, il reprendra les Nottes *mi fa ré ré mi ut ut*, & les parolles *trop aimable jeuneſſe*. Le tout ſans battre la Meſure & le plus lentement qu'il pourra ayant ſeulement attention aux Tons; Si quelqu'un de ces petits morceaux luy fait de la peine pour les Tons, il faut qu'il en chante les Nottes & immediatement aprés les parolles, autant de fois qu'il le ſera neceſſaire, juſqu'à ce qu'il en chante les parolles ſans peine, aprés quoy il pourra chanter de ſuite les parolles,

Que vos jours ſont charmants trop aimable jeuneſſe toujours lentement, & ſans battre la Meſure juſqu'à ce qu'il ſoit ſeur des Tons; Il pourra enſuite chanter en battant la Meſure mais bien lentement. En obſervant cette methode, il acquerera l'habitude de chanter les parolles,

Quand il y a deux, trois ou pluſieurs Nottes liées, la ſyllabe qui vient ſur la premiere des Nottes liées, ſert auſſi pour toutes les autres compriſes ſous la même liaiſon.

Fin de la Seconde Partie.

ELEMENTS
OU
PRINCIPES DE MUSIQUE,
TROISIE'ME PARTIE.

A Musique est la science des Sons, comme l'Arithmetique est la science des Nombres.

Le Son par rapport à la Musique est un bruit harmonieux, comme le Son de la Voix ou des Instruments ; Dans ce sens le bruit du Tonnerre, le bruit des Eaux, le bruit des mains & tous les autres bruits qui n'ont rien d'harmonieux ne sont pas des Sons.

Le Son peut estre

AIGRE	ou	DOUX.
FORT	ou	FOIBLE.
HAUT	ou	BAS.

Le Son de la Trompette Marine est different du Son de la Flûte, parce que le premier est *Aigre*, & que le deuxiéme est *Doux*.

Les Sons de deux Flûtes d'Echo sont differents, parce que l'un est *Fort*, & que l'autre est *Foible*.

Le Son d'une Voix qui est tout en bas est different du Son de la même Voix qui est tout en haut, parce que l'un est *Bas*, & que l'autre est *Haut*.

44

Les Sons de deux voix d'Enfans, qui chantent enſemble la même choſe, ſont le même.

On n'a égard dans la Muſique qu'aux Sons *Hauts* & aux Sons *Bas* ; Et quand on dit qu'un Son eſt different d'un autre Son, on doit entendre qu'il eſt plus haut ou plus bas ; Et quand on dit que deux Sons ſont le même, on doit entendre que l'un n'eſt ny plus haut ny plus bas que l'autre.

Quoy que l'Oreille puiſſe ſentir la difference du Son bas & du Son haut, on ne peut neantmoins démontrer cette difference que par le ſecours des Inſtruments propres pour cela, comme peut eſtre le Monochorde qui n'a point d'autre uſage dans la Muſique que pour les Demonſtrations. Il eſt bon d'en donner la Deſcription.

DESCRIPTION DU MONOCHORDE.

Le *Monochorde* eſt un Inſtrument fait comme une Epinette quarrée un peu longue. Aux deux bouts ſont attachez deux Chevallets immobiles de la hauteur de huit à neuf lignes, & coupez en dedans à Angles droits. On tend une ou pluſieurs chordes ſur ces Chevallets, leſquelles on bande tant & ſi peu que l'on veut, par le moyen des chevilles qui ſont à un des bouts du Monochorde. On trace une ligne ſur la Table du Monochorde, & le long de la chorde ; On marque les Diviſions dont on a beſoin ſur cette ligne, & l'on arreſte le Son de la chorde à l'endroit des ſections, avec un autre Chevallet mobile. C'eſt ſur cet Inſtrument que ſe font toutes les Demonſtrations de Muſique, par le moyen de ces Diviſions, qui donnent generallement toutes les proportions des Sons.

Chevallet mobile eſt un petit morceau de bois ou d'autre matiere fait à peu prés comme les Chevallets des Inſtruments à Archet, qu'on promene le long de la chorde & qu'on arreſte où l'on veut.

De quelle maniere on peut concevoir la diſtance du Son bas au Son haut.

Il eſt conſtant que le Son d'une chorde tenduë de telle longueur déterminée qu'on voudra, par exemple d'un pied A, E,

A   B   C   D   E
|———|———|———|———|

eſt plus bas que le Son des trois quarts B E de la même chorde, c'eſt à dire de la même chorde dont on a retranché le quart A B, ou telle autre portion qu'on voudra.

Ce retranchement ſe fait en arreſtant le Son à l'endroit de la ſection B, avec le Chevallet mobile.

Cela ſuppoſé.

Il faut concevoir une eſpece de diſtance du Son bas au Son haut, plus ou moins grande, ſelon que la portion qu'on retranche eſt plus ou moins grande.

Ainſi l'on doit concevoir que la diſtance du Son de la chorde entiere A E, au Son de la moitié C E, eſt plus grande, que la diſtance de la même chorde entiere A E, au Son des trois quarts B E, parce que la moitié A C qu'on retranche eſt une portion plus grande que le quart A B, & ainſi des autres.

Qu'il n'y a que sept Sons Naturels.

Quand la voix d'un Son bas se porte à des Sons plus hauts, en montant de la maniere que la Nature l'enseigne, on doit remarquer que le huitiéme Son semble à l'oreille estre le mesme que le premier, & que le neufviéme semble estre le mesme que le deuxiéme quoy que plus hauts, de la mesme maniere à peu prés que le huitiéme jour d'un mois est le mesme que le premier; C'est ce qui a donné occasion de n'admettre que sept Sons Naturels qu'on nomme

UT, RE, MI, FA, SOL, LA, SI.

On les appelle *Naturels*, parce que c'est la Nature qui les enseigne.

METHODE pour trouver les Sons Naturels sur le Monochorde.

En cherchant sur le Monochorde les Sons que forme naturellement la Voix, on trouve qu'il faut retrancher de la chorde entiere   Ut.

$\frac{1}{10}$ pour avoir   Ré

$\frac{1}{3}$ pour avoir   Mi

$\frac{1}{4}$ pour avoir   Fa

$\frac{1}{3}$ pour avoir   Sol

$\frac{2}{5}$ pour avoir   La

$\frac{7}{15}$ pour avoir   Si

$\frac{1}{2}$ pour avoir   Ut

Ces retranchements se font ainsi.

On divise la ligne qui est tracée sur la Table du Monochorde, en soixante parties égalles, & avec le Chevallet mobile, on arreste le Son de la chorde à l'endroit des sections dont on a besoin.

PROPORTION des Sons Naturels.

En comparant les differentes portions de la chorde dont on tire les Sons, les unes aux autres, on trouve que la chorde *VT* est à la chorde *RE*, comme 10 à 9. c'est à dire qu'une chorde entiere UT doit avoir dix parties, & la chorde RE retranché doit en avoir 9.

Ut	à	Ré	*comme* 10	à 9
Ré	à	Mi	*comme* 9	à 8
Mi	à	Fa	*comme* 16	à 15
Fa	à	Sol	*comme* 9	à 8
Sol	à	La	*comme* 10	à 9
La	à	Si	*comme* 9	à 8
Si	à	Ut	*comme* 16	à 15

Ces Sons se marquent sur le papier par des Caracteres ou Nottes, faites à peu prés comme la lettre O, qui étant placez plus haut ou plus bas, sur des lignes & dans des espaces disposez pour cela, representent par leurs differentes scituations, tous les Sons de la Musique, & par leurs differentes figures la durée de ces mesmes Sons.

Voyez la premiere Partie depuis le commencement jusqu'à l'edroit où il est parlé du Dieze.

Voyez la seconde Partie depuis le commencement jusqu'à l'endroit où il est parlé de la Transposition.

GAMME.

Quand la Gamme à trois Colomnes qui est la Gamme des Muances, commença à s'établir il y a prés de cent ans, quelques Musiciens de ce temps-là qui avoient appris par la *Gamme* ou *Eschelle Generalle*, qu'on appelloit aussi *Main Harmonique*, s'éleverent contre cette pretendüe innovation & crurent que la Musique alloit périr, parce que, disoient-ils, on en sappoit les principaux fondemens; Neantmoins la *Gamme par Muances* toute difficile qu'elle estoit ne laissa pas de s'établir par tout, parce qu'elle étoit moins difficile que la *Main Harmonique*.

Quand *la Gamme par Si* commença à s'établir il y a trente à quarante ans, la plûpart des Musiciens qui avoient appris par la *Gamme des Muances*, s'éleverent pareillement contre la *Gamme par Si*, qui neantmoins n'a pas laissé de s'établir par toute la France, parce qu'elle est bien plus aisée que la *Gamme par Muances*.

Selon toutes les apparences, bien des Musiciens attachez à leur maniere, ne manqueront pas de trouver mauvais que de mon autorité particuliere, j'oze entreprendre de retrancher de la Gamme, une Colomne dont elle est en possession depuis plus de trente ans ; & rompre les chemins & les voix de Bemol.

Mais comme on ne se sert de la Gamme que pour connoître les Nottes, quoy que ce ne soit pas la son principal usage, & que la *Gamme Simple* telle que je l'ai donnée dans la seconde Partie, est plus facile, plus courte & moins embarrassante que la *Gamme par Si*, je ne doute point que dans la suite on ne la prefere à toutes les autres.

Cependant

Cependant parce que les Muſiciens d'aujourd'huy en
parlant de Muſique ſe ſervent de la *Gamme par Si,*
Il eſt bon que ceux qui veulent parler avec eux, ſçachent
cette Gamme.　　La voicy.

GAMME PAR SI.

	Bemol	Bequarré
E	Si	Mi
D	La	Ré
C	Sol	Ut
B	Fa	Si
A	Mi	La
G	Ré	Sol
F	Ut	Fa

Quel eſt le veritable uſage de la Gamme.

On peut fort bien connoître les Nottes, les chanter &
chanter meſmes toutes ſortes de Muſique ſans connoître
la Gamme, ainſi ce n'eſt pas là à quoy elle ſert.

Le veritable uſage de la Gamme eſt de marquer par
les Lettres, un Son fixe & determiné. Par exemple;

Si je veux faire connoître juſqu'à quelle hauteur de ſon
la voix de Monſieur N. monte, & quelle étenduë elle a,
je diray qu'elle monte juſqu'au G au deſſus de la Clef
de G. & qu'elle deſcend juſqu'à la Clef de C. & c'eſt là
le veritable uſage de la Gamme.

D

CLEFS.

Parce que les trois Clefs se mettent à la Table genel ralle des Sons, on appelle cette Table du nom de Clavier.

CLAVIER

ou

TABLE GENERALLE,

Qui comprend tous les Sons Naturels tant des Voix que des Instruments les plus hauts & les plus bas, selon leur ordre.

La Table cy-dessus comprend l'étenduë de toutes les Voix & de tous les Instruments les plus hauts & les plus bas. Et sur le Clavier ordinaire de nos Clavecins, ces Sons se trouvent sur les Touches ou Marches qui sont moins élevées & en égalle distance.

Mais comme une seule Voix n'a pas besoin de toute cette grande étenduë, & qu'elle n'a ordinairement que dix ou douze Sons Naturels; On a divisé cette grande Table en plusieurs Parties, pour la commodité de chaque Voix & de chaque Instrument, qui s'appellent à cause de cela *Parties*, parce que leur étenduë particuliere n'est qu'une partie de l'étenduë generalle.

Chaque Partie à un nom particulier qui marque sa scituation dans la grande Table. Voyez à la fin.   p. 64.

Cette Table commençoit autrefois par la lettre Grecque *Gamma*, à l'endroit où cette lettre est mise dans la Table generalle au septiéme degré au dessus de la Clef d'F, ce qui luy donna le nom de *Gamme*.

Cette Table generalle contient trente deux Sons naturels, sçavoir quatre Octaves depuis l'*Vt* au dessous du *Gamma*, & outre cela *Sol La Si* au dessous du *Gamma*.

Toutes les lettres de la Gamme des Anciens s'appelloient Clefs, & celles sur lesquelles ils commençoient leur Hexachordon, c'est à dire Ut Ré Mi Fa Sol La, s'appelloient *Clefs marquées*.

Il y en avoit trois, sçavoir l'F, le C, & le G, qui sont nos trois Clefs.

Dans nostre Musique l'*Vt, Ré, Mi, Fa, Sol, La, Si* &c. peut commencer sur toutes les lettres.

C   G

ut   *ut*

D   A

ut   *ut*

E   B

ut   *ut*

F

ut

C   F

ut   *ut*

B   D

ut   *ut*

A   D

ut   *ut*

G

ut

DIEZE, BEMOL & BEQUARRE, ou

Origine du Dieze, du Bemol, & du Bequarre

Quand la Voix paſſe ſucceſſivement par les Sons Naturels, Ut, Ré, Mi, Fa, Sol, La, Si, Ut; les Intervalles qui
ſe trouvent entre un Son, & celuy qui le ſuit immediatement ne ſont pas égaux; Il y en a deux ſçavoir de *Mi* à
Fa, & de *Si* à *Vt* qui ſont plus petits que les autres. Il
eſt aiſé de le démontrer.

Suivant les proportions des Sons Naturels qu'on a don-
nées cy-devant, *Vt* eſt à *Ré* comme 10 à 9; Et *Mi* eſt
à *Fa* comme 16 à 15; Or ſi vous prenez deux chordes
d'une meſme longueur, & que vous mettiez l'une au ſon
Vt, & l'autre au ſon *Mi*, il faut retrancher la $\frac{1}{10}$ partie
de la chorde *Vt* pour avoir *Ré*, & il ne faut retrancher
que la $\frac{1}{16}$ partie de la chorde *Mi* pour avoir *Fa*; Or la $\frac{1}{16}$
partie n'eſt pas une ſi grande portion que la $\frac{1}{10}$ partie,
par conſequent le *Fa* n'eſt pas ſi éloigné de *Mi* que *Ré*
l'eſt d'*Vt*.

Ce qu'on démontre de *Mi* à *Fa* à l'égard d'*Vt Ré*, ſe
peut démontrer à l'égard de *Ré Mi*, de *Fa Sol*, *Sol La*,
& *La Si*.

On peut faire la meſme démonſtration de *Si Vt*, à l'é-
gard des meſmes Intervalles *Vt Ré* &c.

Les Intervalles de *Mi* à *Fa*, ou de *Si* à *Vt* ſont donc
chacun plus petits que chacun des Intervalles d'*Vt* à *Ré*,
ou de *Ré* à *Mi*, ou de *Fa* à *Sol*, ou de *Sol* à *La*, ou de *La* à *Si*.

Chacun des petits Intervalles *Mi Fa*, ou *Si Vt* s'appelle
Demi-Ton, & chacun des autres plus grands s'appelle *Ton*.

D iij

Ces deux petits Intervalles ou *Demi-Tons* qui se sont trouvez naturellement dans la Voix, ont donné occasion de diviser chacun des grands en deux petits; ce qu'on a fait en élevant l'*Vt*, le *Fa*, & le *Sol* d'un demi-Ton, & en baissant le *Si*, & le *Mi* pareillement d'un demi-Ton.

Et pour marquer qu'un Son est élevé, l'on se sert d'un Caractere fait à peu prés comme une double x ainsi x qu'on appelle Dieze, qui estant mis devant la Notte marque qu'il la faut chanter un demi-Ton plus haut.

Et pour marquer qu'un Son est baissé, l'on se sert d'un autre Caractere fait à peu prés comme la lettre *b* ainsi b qu'on appelle Bemol, qui estant mis devant la Notte, marque qu'il la faut entonner un demi-Ton plus bas ainsi.

On se sert encore d'un autre Caractere fait ainsi ♮ qu'on appelle Bequarre, il se met devant la Notte pour marquer qu'il la faut entonner naturellement.

On appelle *Son Naturel*, celuy qui n'a ny Dieze ny Bemol ou qui a un Bequarre, c'est à dire qui n'est ny haussé ny baissé.

On appelle *Son Alteré*, celuy qui a un Dieze ou un Bemol, c'est à dire qui est haussé ou baissé.

Outre les sept premiers Sons enseignez par la Nature, on a donc encore cinq autres Sons, qu'on pourroit nommer *Artificiels*, puisque c'est par le secours de l'Art qu'on les connoît; On les nomme *Alterez*.

Dans la Musique Naturelle les cinq Sons Alterez se
nomment *Accidentels* ou *Dependants*, à cause qu'ils por-
tent le mesme nom que les Sons *Naturels*, & qu'ils en
dépendent en quelque maniere.

Les sept Sons Naturels, & les cinq Sons Alterez avec
le huitiéme Naturel, disposez selon l'ordre cy-dessus est
ce qu'on appelle *Diapason*, ou étenduë d'une Octave qui
comprend douze Demi-Tons.

La connoissance des Diapasons est d'un secours tres-
considerable, pour l'explication & l'intelligence de ce
que les Musiciens dans la Composition appellent *Mode*.

En cherchant sur le Monochorde les Sons Alterez,
on trouve qu'il faut retrancher de la chorde entiere

. Ut

$\frac{1}{25}$ pour avoir   Ut ✕

$\frac{1}{6}$ pour avoir   Mi ♯

$\frac{7}{25}$ pour avoir   Fa ✕

$\frac{9}{25}$ pour avoir   Sol ✕

$\frac{4}{9}$ pour avoir   Si ♯

METHODE
Pour trouver les Sons Naturels & Alterez sur le Monochorde.

Divifez la ligne qui eft tracée fur la Table du Mono-chorde en 60 Parties égalles.

Retranchez de la corde entiere . . . . Ut

$\frac{2}{25}$ c'eft à dire deux parties & $\frac{2}{5}$ vous aurez Ut ✗

$\frac{1}{10}$ vous aurez . . . . . Ré

$\frac{1}{6}$ . . . . Mi ♭

$\frac{1}{5}$ . . . . . . Mi

$\frac{1}{4}$ . . . . Fa

$\frac{7}{25}$ c'eft à dire 16 Parties & $\frac{4}{5}$ . . Fa ✗

$\frac{1}{3}$ . . . . Sol

$\frac{9}{25}$ c'eft à dire 18 Parties & $\frac{2}{5}$ . . Sol ✗

$\frac{2}{5}$ . . . . La

$\frac{4}{9}$ c'eft à dire 24 Parties & $\frac{2}{5}$ . . Si ♭

$\frac{7}{15}$ . . . . Si

$\frac{1}{2}$ . . . . Ut

PROPORTIONS DES SONS
Naturels & Alterez.

Ut est	à	Ut ♯	comme	25	à 24
Ut ♯	à	Ré	comme	16	à 15
Ré	à	Mi ♭	comme	27	à 25
Mi ♭	à	Mi	comme	25	à 24
Mi	à	Fa	comme	16	à 15
Fa	à	Fa ♯	comme	25	à 24
Fa ♯	à	Sol	comme	27	à 25
Sol	à	Sol ♯	comme	25	à 24
Sol ♯	à	La	comme	16	à 15
La	à	Si ♭	comme	27	à 25
Si ♭	à	Si	comme	25	à 24
Si	à	Ut	comme	16	à 15

TRANSPOSITION.

Pour bien entendre ce que c'eſt que *Tranſpoſition* en Muſique, il faut ſçavoir que le C *ut* a eſté déterminé dés les premiers commencements de la Muſique à une certaine hauteur de Son, que les Muſiciens appellent C *ut*, ou G *ſol ut*.

Tous les Inſtrumments, particulierement les Orgues & les Clavecins, ſont faits ſuivant cette premiere Determination, en ſorte que le C *ut* de tous ces Inſtruments eſt ordinairement à cette hauteur déterminée.

Or il arrive que quand on veut faire executer un Air par une Voix & par un Inſtrument enſemble, ſi le C *ut* de l'Inſtrument eſt trop haut ou trop bas pour la Voix, l'Inſtrument eſt obligé de prendre l'*Ut* un degré plus bas c'eſt à dire ſur le B, ou un degré plus haut c'eſt à dire ſur le D.

Un Exemple éclaircira cecy.

Si l'on veut faire executer l'Air ſuivant qui monte juſqu'au C par une voix dont le Son le plus haut ſoit un B ♮ & par un Inſtrument enſemble.

Comme le chant cy-deſſus monte juſqu'au C, & que l'on ſuppoſe que la Voix dont on doit ſe ſervir ne ſçauroit monter que juſqu'au B ♮, il faut que l'Inſtrument prenne l'*Ut* un degré plus bas c'eſt à dire ſur le B ♮, afin de s'accommoder à la Voix.

Et pour marquer sur quelle lettre il faut que l'Instrument prenne l'*Vt*, on écrit l'Air un degré plus bas que naturellement il n'auroit esté écrit, c'est à dire que l'*Vt* qui dans la Gamme est attaché à la lettre *C*, se trouve icy transposé sur la lettre *B* ♭, & c'est là ce qu'on appelle *Transposition*; L'on marque immediatement aprés la Clef, les degrez où se trouvent les *Demi-Tons* naturels *Mi Fa & Si Vt*, ou avec des Diezes ou avec des Bemols selon le besoin; icy on a eu besoin de Bemols.

Les Airs ou Ouvrages de Musique où l'*Vt* est sur une autre lettre que le *C*, s'appellent Musique Transposée, & cela se connoît lorsqu'il y a un ou plusieurs Diezes, ou un ou plusieurs Bemols immediatement aprés la Clef.

Et lorsqu'on conçoit & qu'on chante la Musique Transposée comme si elle estoit écrite à une Clef naturelle; Par exemple, si l'on conçoit & que l'on chante l'Air cy-dessus qui est noté l'Vt sur le *B* ♭, comme si c'estoit une Clef de *G* sur la premiere ligne, afin de remettre l'Vt sur la lettre *C*, sans changer la scituation des Nottes, cela s'appelle *reduire la Musique Transposée à une Clef naturelle*.

On a donné dans la 2. Partie la maniere de reduire la Musique transposée, à une Clef naturelle.

Observez que pour abreger on dit reduire le Transposé au Naturel, ou simplement, reduire au Naturel.

Le C sur les Instruments se doit toujours nommer Ut dans quelque Transposition que ce soit.

MESURE.

Voyez la Seconde Partie. p. 32. 35.

De tous les Caractéres ou Signes de Mesures, les uns font connus feulement dans la Mufique, & les autres font des chiffres tirez de l'Arithmetique.

Les Signes de Mufique particuliers à la Mufique font.

Cercle fimple ou ◯.
Cercle barré. ou ◯.
C fimple.
C barré
Croiffant fimple ou coulé
Croiffant barré.

Tous ces Signes de Mefures eftoient en ufage chez les Anciens qui en avoient plus de trois douzaines dont ils faifoient de grands mifteres. Les Etrangers en ont confervé quelques-uns dans leurs Ouvrages, mais la pratique n'en eft pas bien certaine, les uns s'en fervent d'une maniere, les autres d'une autre. Ce qui eft de conftant, c'eft qu'on ne fçauroit les expliquer comme il faut, qu'on ne fçache de quelle maniere les Anciens s'en fervoient.

On ne fe fert en France que du C Simple & du C Barré.

Le C Simple & le C Barré font employez chacun à deux ufages.

On fe fert du C Simple pour le Signe de la Mefure à quatre Temps; On s'en fert encore en le joignant avec les chiffres ou Signes des autres Mefures, pour marque que les Battements ou Temps en font auffi lents qu'à quatre Temps lents. Ainfi

On fe fert du C Barré pour le Signe de la Mefure à quatre Temps viftes, ou deux Temps lents; On s'en fert encore en le joignant avec les chiffres ou Signes des autres Mefures, pour marquer que les Battements en font auffi viftes qu'en quatre Temps viftes. Ainfi

Les autres Signes dont il est parlé assez au long dans la 2. Partie, sont deux chiffres ou nombres disposez selon les Regles de l'Arithmetique, l'un au dessus comme *Numerateur*, & l'autre au dessous comme *Dénominateur*, pour marquer combien & quelles parties il faut de la Notte qu'on appelle *Entiere*, c'est à dire de la Ronde, pour la durée d'une Mesure.

Ainsi le Signe $\frac{3}{4}$ marque qu'il faut trois quarts pour la durée d'une Mesure, c'est à dire trois Noires, parce que la Noire est le quart de la Ronde ou entiere.

Les Etrangers ont encore deux autres Signes de Mesure sçavoir,

Le *Triple Noir*, & le *Triple Blanc*.

Le Triple Noir est une Mesure dans laquelle ils ne se servent point de Nottes Blanches, & c'en est la le Signe.

Le Triple Blanc où ils ne se servent point ou tres-rarement de Nottes Noires.

S'il se rencontre des Nottes Noires dans le Triple Blanc, elles vallent autant que si elles estoient Blanches.

La raison pourquoy dans le Triple Blanc les Nottes Noires vallent autant que si elles estoient Blanches, est tirée des Regles des Anciens, qu'il seroit trop long de déduire icy.

Mais il faut avoüer qu'il y a plus de caprice que de raison dans la plûpart de ces Signes.

La seconde maniere de battre la Mesure en six Temps est particuliere & propre pour certains Airs de Danse, comme Gigues, Canaries & autres de cette Mesure.

Dans cette Mesure le *Frapper* s'appelle *Bon Temps*, & le *Lever* s'appelle *Temps-Faux*; Et c'est là la seule raison pourquoy l'on se sert du $\frac{6}{4}$ au lieu de deux fois $\frac{3}{4}$, parce que dans le $\frac{3}{4}$ le *Bon Temps* n'est pas distingué du *Temps Faux*, & c'est pour cette mesme raison que les Danseurs battent le Menuet en $\frac{6}{4}$ quoy qu'il ne soit marqué qu'en $\frac{3}{4}$.

Les Mesures à neuf Temps & à douze Temps sont communes dans les Ouvrages de Musique des Etrangers, mais elles ne sont guere d'usage en France; Elles sont pourtant fort commodes, en ce qu'elles fatiguent bien moins le bras, parce qu'on n'est obligé de le lever que de trois en trois, ou de quatre en quatre Mesures.

On avoit oublié de dire dans la 2. Partie en parlant des Signes de Mesures de trois Temps, que les premiers demi-Temps s'executent encore d'une quatriéme maniere, sçavoir en faisant le 1. plus court que le 2. Ainsi

INTERVALLE.

INTERVALLE eſt la diſtance d'un Son bas à un Son plus haut, comme d'*Vt* à *Sol*.

Le plus petit de tous les Intervalles c'eſt le *Demi-Ton.*

Demi-Ton eſt la diſtance d'un Son à un autre Son plus prochain, c'eſt à dire qui le ſuit immediatement comme d'*Vt* à *Vt* X, ou d'*Vt* X à *Ré.*

TON eſt la diſtance d'un Son à un troiſiéme Son, comme d'*Vt ut* X à *Ré.*

Le *Ton* & le *Demi-Ton* ſervent à meſurer tous les autres Intervalles, c'eſt à dire que les Sons d'un Intervalle ſont plus ou moins éloignez l'un de l'autre, à proportion qu'il y a plus ou moins de *Tons* ou de *Demi-Tons* entre deux.

Demi Tons.   Tons.

Degré ou Lettre de Muſique, eſt une Ligne ou un Eſpace.

Il y a huit Intervalles, y compris l'Uniſſon.

L'*Vniſſon*   eſt un meſme Son repeté.
La *Seconde*   eſt une Notte au deuxiéme degré.
La *Tierce*   eſt une Notte au troiſiéme degré.
La *Quarte*   eſt une Notte au quatriéme degré.
La *Quinte*   eſt une Notte au cinquiéme degré.
La *Sixte*   eſt une Notte au ſixiéme degré.
La *Septiéme*   eſt une Notte au ſeptiéme degré.
L'*Octave*   eſt une Notte au huitiéme degré.

La Neufviéme eſt l'Octave de la Seconde.

La Dixiéme eſt l'Octave de la Tierce.

Ainſi de la Onziéme, &c.

CLEFS

Des differentes Parties pour les Voix.

CLEFS

Des differentes Parties pour les Instruments.

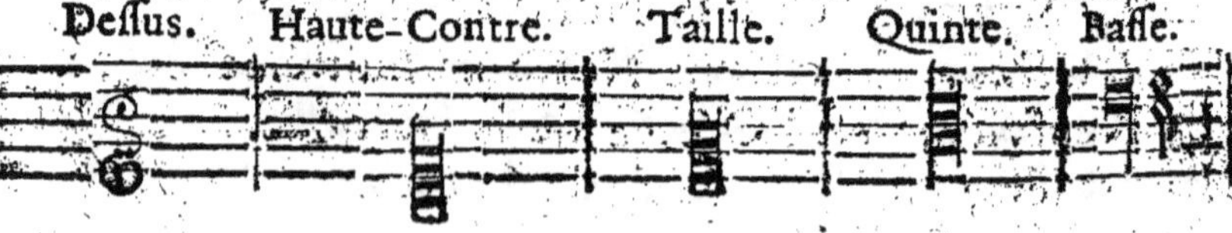

IDE'E

I D É E
De ce qu'on appelle MODE ou TON.

Tous les Ouvrages de Musique finissent par *Vt* ou par *Ré*, supposé que les Transpositions, s'il y en a, soient exactement marquées immediatement aprés la Clef.

La Notte par où finit chaque Piece de Musique avec les Sons *Principaux & Dependants* compris depuis cette Notte jusqu'à son Octave, s'appelle *Mode* ou *Ton*.

Quand la Piece de Musique finit par *Vt*, le Mode s'appelle *Mode Majeur*.

Quand la Piece de Musique finit par *Ré*, le Mode s'appelle *Mode Mineur*.

Le *Mode Majeur*, & le *Mode Mineur* ont chacun trois Nottes qu'on appelle *Chordes Principalles ou Chordes Essentielles* du Mode.

La Notte par où finit chaque Piece de Musique s'appelle . . . . *Finale.*

La Tierce de cette Finale s'appelle *Mediante.*

La Quinte de cette mème Finale s'appelle *Dominante.*

Nottes ou Chordes Essentielles du Mode Majeur ou Ton Vt.

Nottes ou Chordes Essentielles du Mode Mineur ou Ton Ré.

Finale.	Mediante.	Dominante.	Octave.

AGREMENTS DU CHANT.

Le *Chant* est une suite de deux ou de plusieurs Sons.

Agrément du Chant est un, ou deux, ou plusieurs petits Sons, qu'on entremêle parmi les autres Sons ordinaires pour rendre le Chant plus agreable.

Le *Petit Son* est un Son plus foible, c'est à dire moins fort, ou d'une moindre durée que les autres Sons.

Les Petits Sons se marquent par des Nottes d'un plus petit Caractere que les autres Nottes, ou par une marque particuliere & affectée à chaque *Agrément*.

La *Petite Notte* est une Notte d'un plus petit Caractere que les autres Nottes.

La Petite Notte est toujours liée avec une Notte ordinaire; Cette Liaison se marque ainsi ⌣ ou ⌢

La Petite Notte se nomme du nom de la Notte ordinaire avec laquelle elle est liée.

Elle a le Son du degré où elle est posée.

Elle se prend quelque fois sur la valleur de la Notte ordinaire qui la precede; quelque fois sur la valleur de la Notte ordinaire qui la suit.

La Petite Notte se doit passer legerement.

Premiere Exemple.   Deuxiéme Exemple.   Troisiéme Exemple.

Dans le premier Exemple cy-deſſus, la petite Notte eſt liée avec le *Ré*, Elle ſe nomme par conſequent du nom de *Ré*, lequel nom de *Ré* ne ſe repete pas ſur la Notte *Ré* ordinaire qui la ſuit.

Elle doit avoir le Son de *Mi*, parce qu'elle eſt ſur le degré *Mi*.

Elle eſt priſe ſur la valleur de la Notte precedente qui eſt *Fa*.

Dans le deuxiéme Exemple la petite Notte eſt priſe ſur la valleur de la Notte ſuivante qui eſt *Ré*.

Dans le troiſiéme Exemple, la petite Notte ſe nomme du nom de *Fa*, en nommant *Fa* ſur la Notte ordinaire & ſimplement *a*, ſur la petite Notte; Elle a le Son de *Mi*, elle eſt priſe ſur la valleur de la Notte precedente.

Il y a neuf Agréments du Chant, ſçavoir.

Le Coulé, La Chûte, Le Port de Voix, L'Accent, Le Tremblement, Le Martellement, Le Balancement, Le Tour de Gozier, & le Flatté.

Il y a encore *La Coulade*, tant en montant qu'en deſcendant, *Les Paſſages, & La Diminution*, leſquels n'ont point de Caracteres particuliers, mais ils ſe marquent ſimplement avec de petites Nottes.

Il faut remarquer que la plûpart donnent au Tremblement le nom de *Cadence*, cependant il faut diſtinguer l'un d'avec l'autre. J'en feray connoître la difference en parlant du Tremblement.   *p. 71*

LE COULÉ.

Le *Coulé* est une Inflexion de la Voix d'un petit Son ou Son foible, ou d'une petite durée, à un Son plus bas & plus fort.

Le *Coulé* se marque ainsi ↄ

LA CHUTE.

La Chute est une Inflexion de la Voix d'un Son fort ou ordinaire à un petit Son plus bas.

La *Chute* se marque ainsi ↘

LE PORT DE VOIX

Le *Port de Voix* est une Elevation de la Voix d'un Son d'une petite durée ou foible, à un Son ordinaire & plus haut d'un degré.
Le Port de Voix se marque ainsi /

L'ACCENT.

L'*Accent* est une Elevation de la Voix d'un Son fort à un petit Son foible, & plus haut d'un degré.
L'Accent se marque ainsi |

TREMBLEMENT.

Le Tremblement est un *Coulé* repeté deux ou plusieurs fois d'un petit Son à un Son ordinaire, & d'un degré plus bas.

f. 9.   Le Tremblement se marque ainsi

Quand la Voix demeure sensiblement sur le petit Son du premier Coulé du Tremblement, cela s'appelle appuyer le Tremblement.

Le Tremblement appuyé se marque ainsi

Le Son sur lequel la Voix demeure avant que de Trembler, s'appelle *Appuy* du Tremblement, & il doit se nommer du mesme nom que la Notte sur laquelle se fait le *Tremblement*, lequel nom sert pour l'Appuy & pour la Notte tremblée.

L'Appuy du Tremblement doit estre plus long ou plus court à proportion de la durée de la Notte sur laquelle se fait le Tremblement.

Le Tremblement doit commencer dans le Temps où commence la Notte tremblée, à moins qu'il ne soit marqué autrement.

Quand la Voix ne demeure pas sensiblement sur la premiere Notte du premier Coulé, le Tremblement s'appelle, Tremblement non appuyé, ou sans Appuy, & il se marque simplement avec une petite croix ainsi +.

Les Coulez du Tremblement ne doivent point estre secoüez ny par l'*Aspiration*, ny par le *Chevrotement*, mais ils doivent estre licez autant qu'il est possible comme si ce n'estoit qu'un Son.

Les Coulez du Tremblement se doivent faire du Gozier & non de la Poitrine.

Ils se doivent faire plus viste ou plus lentement, à proportion de la vitesse ou de la lenteur de l'Air.

Les Tremblements doivent estre plus longs ou plus courts, à proportion de la durée de la Notte tremblée.

On a coûtume de donner au Tremblement le nom de Cadence, il y a neantmoins de la difference.

La *Cadence* est une conclusion de Chant, car les Chants sont à l'égard d'un Air, ce que les Periodes & autres Parties sont à l'égard du Discours; Et la fin de ces chants ou morceaux dont un Air est composé, a du rapport tantost au point, tantost à la virgule, tantost au point interrogant &c. selon la maniere differente dont ces chants finissent; La fin ou conclusion de chaque morceau s'appelle Cadence, il y en a de bien des sortes, mais ce n'est pas icy le lieu d'en parler ; parce que le Tremblement entre dans la plûpart de ces Cadence, on a donné le nom de Cadence au Tremblement. Pour prouver que la Ca-

E iiij

dence & le Tremblement ne font pas la mefme chofe,
il fuffit de faire voir qu'il y a des Conclufions de chant
ou Cadences fans Tremblement, & des Tremblements
fans Conclufion de chant.

MARTELLEMENT.

Le *Martellement* font deux petits Sons fort legers en
maniere de Chute, d'un degré plus bas l'un que l'autre,
lefquels precedent la Notte fur laquelle eft marqué le
Martellement.

Le Martellement fe marque ainfi V

BALANCEMENT

Le Balancement font deux ou plufieurs petites afpirations douces & lentes qui fe font fur une Notte fans en changer le Son.

Le Balancement fe marque ainfi

FLATTÉ.

Le Flatté ou *Flattement* eft un Tremblement fimple ou de deux coulez fuivy d'une Chute

TOUR DE GOZIER.

Le Tour de Gozier eft un déplacement du premier Son du dernier coulé du Tremblement, que l'on met une Tierce plus bas.

Le Tour de Gozier fe marque ainfi

COULADE.

La Coulade font deux ou plufieurs petits Sons ou petites Nottes par degrez conjoints, c'eft à dire qui fe fuivent immediatement que l'on met entre deux fons éloignez, pour paffer de l'un à l'autre avec plus d'agrément.

La Coulade n'a point de Caractere particulier, elle fe marque par de petites Nottes.

PASSAGES.

Les Passages sont plusieurs petits Sons qu'on entremêle parmy les Agrements simples.

Ces Passages s'appellent communément *Doubles.*

J'en ay mis icy quelques uns sur un seul Interval pour
en donner l'idée.

On pourroit varier l'Intervalle cy-dessus en beaucoup
d'autres manieres.

On doit concevoir que non seulement tous les autres
Intervalles tant en montant qu'en descendant, mais encore les chants de trois, quatre & plusieurs Nottes se peuvent varier en une infinité de manieres.

Il y a tant de choses à dire sur la maniere de Chanter,
que si j'entreprenois de parler de toutes, il faudroit que
je sortisse des bornes du dessein que je me suis prescrit de
ne donner icy que des Principes, je les laisse donc à ceux
qui voudront entreprendre d'en faire un Traité exprés, &
je ne dis plus qu'un mot de la Diminution du Chant.

DIMINUTION.

La Diminution qui est une espece d'Agrément du Chant,
sont plusieurs Nottes mesurées, mises pour une seule.

*Explication de quelques Termes obscurs ou qui ont
plusieurs Significations.*

MUSIQUE.

Le Terme de *Musique* a plusieurs significations.

1°. Il signifie *la Sience des Sons*, c'est à dire toutes les
connoissances qui regardent cette Science.

2°. Les Ouvrages d'un Auteur ou Compositeur de
Musique; c'est dans ce sens qu'on dit *La Musique du
Carissimi, de Monsieur de Lully.*

3°. Toutes sortes de Chants Nottez; C'est dans ce sens
que l'on dit *un Papier de Musique.*

4°. Un Corps de Musiciens, *La Musique du Roy.*

5°. Un Ouvrage ou Piece de Musique peiné & recher-
ché; C'est dans ce sens qu'on peut dire, *Il y a plus de Musique dans ce petit Motet que dans un Opera tout entier.*

6°. Concert. *Il y a aujourd'huy Musique à tel endroit.*

7°. La Science des Proportions Harmoniques, & c'est
dans ce sens que les Mathematiciens sçavent la Musique.

TON.

Le mot de *Ton* a plusieurs Significations.

1º. *Ton* signifie une certaine distance ou Intervalle d'un Son à un autre Son, comme d'*Vt* à *Re*.

2º. *Ton* signifie ce que les Musiciens appellent *Mode*. On a parlé cy-devant du Ton comme Intervalle & comme Mode.

3º. *Ton* signifie un Degré de Son déterminé; C'est dans ce sens qu'on dit. *Ton de l'Orgue*, *Ton de Chapelle*, *Ton de la Chambre*, *Ton de l'Opera*. Une Flûte du Ton de l'Opera, c'est à dire dont le *C ut* est au mesme degré de Son que le *C ut* de l'Opera.

PRENDRE LE TON, c'est porter la voix au degré de Son qui est donné. C'est encor pour parler ainsi, mesurer au juste à quel degré de Son est le *C ut* ou autre Notte d'un Instrument.

SE METTRE EN TON, c'est passer la voix en chantant par les Chordes essentielles du Mode ou Ton qu'on a pris avant de commencer à chanter.

DONNER LE TON. C'est déterminer à quel degré de Son l'on doit commencer à chanter; C'est encor sonner le *C ut* ou autre Notte de l'Instrument avec lequel on a pris le Ton, pour accorder d'autres Instruments sur celuy la.

PERDRE LE TON. C'est ne sçavoir plus en chantant à quel degré de Son il faut prendre le *C ut* ou autre Notte.

ENTONNER.

Le mot d'*Entonner* ne s'entend que de la Voix, il a plusieurs Significations.

1º. *Entonner*, c'est hausser ou baisser la Voix autant qu'il faut, ou selon qu'il est marqué par les Nottes; C'est dans ce sens qu'on peut dire qu'un Ecolier, qu'il sçait

Entonner, pour marquer de quelle force il est.

2°. *Entonner*, c'est passer d'un Son à un autre Son en chantant; & c'est dans ce sens qu'on dit *Entonner une Tierce*, c'est à dire passer en chantant, d'un Son à un autre Son qui soit au 3. degré du premier comme *Ut Mi*.

3°. *Entonner*, c'est commencer en chantant, *Entonner le Magnificat*.

On se sert du mot d'*Entonner* quand il est question d'un Son déterminé, ainsi on dit *Entonner un Si*, *Entonner un Fa*.

On se sert du mot d'*Entonner* quand il n'est pas question d'un Son déterminé, ainsi on dit chanter une Ronde, c'est à dire faire durer la Voix la longueur de temps d'une Ronde, sans déterminer si c'est un *Fa* ou si c'est une autre Notte.

DÉTONNER ne s'entend pareillement que de la Voix, c'est prendre le C ut ou autre Notte plus haut ou plus bas qu'il ne faut.

Chaque Notte peut avoir differents noms sous differents regards.

La Notte cy-dessus s'appelle,

G . . . . par rapport aux Lettres.
Sol . . . par rapport à la Clef Naturelle.
Ut . . . par rapport au dernier Dieze.
Entiere . par rapport à la Valleur.
Une Mesure par rapport au Signe de Mesure.
Ronde . par rapport à la Figure.

DÉCONTER.

Déconter est un moyen dont on se sert pour trouver le Nom & le Ton des Nottes, soit en montant soit en descendant.

Comment il faut Déconter, pour trouver le Nom d'une Notte.

Quand on veut trouver le nom d'une Notte, il faut commencer par nommer sans chanter, la ligne où est posée la Clef, & nommer ensuite sans chanter les autres Degrez jusqu'à la Notte dont on cherche le nom, soit en montant soit en descendant.

Premiere Exemple.　　　*Deuxiéme Exemple.*

Supposons que je veüille chercher la Notte du premier Exemple cy-dessus, pour le trouver.

Je commence par nommer sans chanter la ligne où est posée la Clef, je dis *Vt*, *Ré* sur le degré au dessus, *Mi* ensuite, & puis *Fa*, & *Sol*, & enfin *La*, qui est le nom de la Notte que je cherche.

Si je veux chercher le nom de la Notte du deuxiéme Exemple,

Je dis *Vt* sur la ligne où est posée la Clef, *Si* sur le degré au dessous, *La* ensuite, & enfin *Sol* qui est le nom de la Notte que je cherche.

Comment il faut Déconter, pour trouver le Ton d'une Notte.

Quand il se rencontre deux Nottes sur deux degrez éloignez, pour trouver le Ton de la deuxiéme, supposé qu'on soit au Ton de la premiere,

Il faut commencer par nommer en chantant la premiere Notte, & continuer à nommer en chantant tous
les degrez qui font depuis la premiere jufqu'à celle dont
on cherche le Ton, qu'il faut auffi nommer en chantant,
comme s'il y avoit des Nottes fur les degrez, & nommer en chantant immediatement aprés, la premiere
Notte & celle dont on cherche le Ton, fans paffer par
les degrez qui font entre deux.

Troifiéme Exemple. *Quatriéme Exemple.*

Suppofons que je veüille chercher le Ton de la deuxiéme Notte *La* du troifiéme Exemple cy-deffus.

Je commence par nommer en chantant la premiere
Notte *Ré*, & de celle là je continuë à nommer en chantant, *Mi*, *Fa*, *Sol*, qui font les degrez depuis la premiere
Notte *Ré* jufqu'à la deuxiéme *La*, dont je cherche le Ton,
laquelle je nomme auffi en chantant. Je reprens auffi-tôt
la premiere *Ré*, & la deuxiéme *La* que je nomme en chantant fans paffer par les degrez *Mi*, *Fa*, *Sol*, & c'eft là ce
qu'on appelle Déconter en montant pour trouver le Ton.

Suppofé que je veüille chercher le Ton de la deuxiéme
Notte *Mi* du quatriéme Exemple cy-deffus.

Je commence par nommer en chantant la premiere
Notte *Ut*, & de cella là je continuë à nommer en chantant *Si La Sol Fa*, qui font les degrez depuis la premiere
Notte *Ut* jufqu'à la deuxiéme *Mi* dont je cherche le Ton,
laquelle je nomme auffi en chantant; Je reprens auffi-tôt
Ut Mi fans paffer par les degrez *Si La Sol Fa*, & c'eft là
ce qu'on appelle Déconter en defcendant.

CHRONOMETRE.

Qu'on ne sçauroit estre seur au juste du veritable mouvement d'une Piece de Musique, par la maniere ordinaire de le marquer.

On a dans la Musique des Caracteres differents pour marquer à peu prés la vitesse ou la lenteur des Battemens de la Mesure. Ce sont les cinq chiffres ou nombres 1. 2. 4. 8. 16. lesquels estant placez selon les Regles de l'Arithmetique sous les autres chiffres ou Signes de Mesure 2. 3. 4. 6. 9. 12. marquent par les differentes valleurs des Notes qu'ils representent, les differentes durées des Temps. Mais comme ces cinq chiffres ou nombres ne representent que cinq Notes sçavoir la Ronde, la Blanche, la Noire, la Croche, & la Double Croche, dont les valleurs vont en diminuant toujours de moitié, ils ne peuvent marquer que cinq degrez differents de mouvements, une fois plus vistes l'un que l'autre. Cependant il y a dans la Musique bien plus de cinq degrez de mouvement, ainsi ces cinq chiffres ne suffisent pas pour les marquer tous.

Il est vray que l'on a encore ces mots *Viste, tres-Viste, Lentement, Gay, Rondement, Gravement*, qui marquent qu'il faut aller plus viste ou plus lentement, mais ils ne marquent pas de combien.

Quand bien mesme on auroit dans la Musique assez de Signes ou de termes pour exprimer toutes les differentes proportions de vitesse ou de lenteur des Battemens de la Mesure, cela ne pourroit pas suffire, car ce n'est pas assez de marquer de combien les Battemens d'une Mesure sont

F

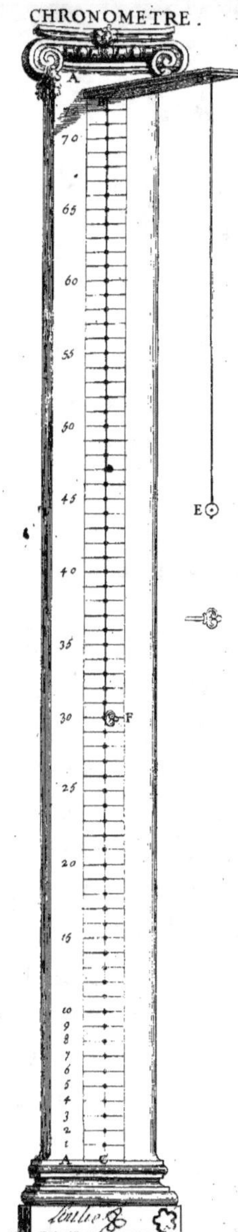

plus viſtes ou plus lents que les Battements d'une autre Meſure, il faut encor marquer de quelle viteſſe ou de quelle lenteur ſont ces Battements en eux-meſmes.

Ce ne ſeroit pas, par exemple, marquer de quelle viteſſe tourne une roüe de montre, de dire qu'elle tourne une fois plus viſte qu'une autre roüe dont le mouvement ne ſeroit pas connu; On marqueroit ſeulement la proportion du mouvement de l'une au mouvement de l'autre. Pour le marquer preciſément, il faudroit dire combien elle tourne de fois en une minute; De meſme ce n'eſt pas marquer preciſément de quel mouvement ſe doit battre un Air, que de marquer qu'il ſe doit battre plus viſte ou plus lentement qu'un autre Air dont le mouvement n'eſt pas bien connu, pour le marquer preciſément, il faudroit pouvoir dire combien dure un Battement, ou ce qui eſt la meſme choſe, combien il en faut en une minute.

C'eſt ce qui fait que ſouvent des Muſiciens, meſme tres-habiles, ne conviennent pas ſur le veritable mouvement d'une Piece, particulierement à l'égard des Muſiques des Etrangers.

Pour lever cet embarras je me ſuis appliqué à la ſollicitation d'une perſonne qui merite l'eſtime & l'amitié des plus honneſtes gens, à chercher un moyen pour marquer preciſément les mouvemens de Muſique: je l'ay heureuſement trouvé.

C'eſt un Inſtrument que j'ay fait faire & que je nomme CHRONOMETRE, parce qu'il ſert à meſurer le Temps. En voicy l'Eſtampe, ou la Figure, la Deſcription, & l'Uſage.

Description du CHRONOMETRE.

LE *Chronametre* est un Instrument par le moyen duquel les Compositeurs de Musique pourront deformais marquer le véritable mouvement de leur Composition, & leurs Airs marquez par rapport à cet Instrument se pourront executer en leur absence comme s'ils en battoient eux-mêmes la Mesure.

Cet Instrument n'est composé que de deux parties.

La premiere est une Regle de bois A A, haute de six pieds ou 72. pouces, large environ de deux pouces, & épaisse à-peu-prés d'un pouce; sur un côté plat de la Regle est tiré un trait ou ligne B C de bas en haut, qui partage également la largeur en deux; Sur ce trait sont marquez avec exactitude des Divisions de pouce en pouce, & à chaque point de section il y a un trou de deux lignes de diametre environ, & de huit lignes de profondeur, & ces trous sont cottez par chiffres, & commencent par le plus bas depuis un jusqu'à soixante & douze.

Je me suis servi du Pied universel parce qu'il est connu dans toutes sortes de pays.

Le Pied universel contient douze pouces trois lignes moins un sixiéme de ligne, de pied de Roy.

Au haut de la Regle est un coudé de fer ou de bois B D, enclavé dans ladite Regle un pouce au dessus de la section 72. de six ou sept pouces de saillie, au bout du coude six lignes environ en deça de l'extrêmité est un petit trou D. de la grosseur d'un lacet ou cordonnet; à l'autre bout qui est enclavé dans la Regle est un autre trou B qui répond à la ligne des Divisions.

La seconde partie dont cet Instrument est composé est un *Pendule*, c'est à dire un plomb E attaché au bout d'un cordonnet, ce cordonnet est de fil ou de soye & rond; au bout du cordonnet est la boule de plomb E d'un pouce de diametre environ, percée diametrallement d'un trou proportionné à la grosseur du cordonnet, par lequel trou est passé le cordonnet & arrêté par dessous la boule.

On applique le cordonnet avec son plomb à la Regle en le passant par les trous D B du coude de fer, ensorte que l'un des bouts du cordonnet réponde à la ligne des Divisions, & que l'autre bout où est le plomb pende en l'air, qui pour cela est nommé Pendule.

A l'autre bout du cordonnet qui répond à la ligne des Divisions, est attaché une cheville de fer ou de bois F dont la grosseur est proportionnée à la largeur des trous de la Regle, ensorte qu'elle y entre juste.

La cheville est faite à peu prés comme les chevilles de Luth ou de Violle, il y a un trou entre la main ou tige de ladite cheville, & ce qui entre dans les trous de la Regle, le cordonnet est passé par ce trou & arrêté, ensorte que la cheville estant au trou 71 le cordonnet ait 72 pouces de longueur depuis le trou D jusqu'au centre de la boule. Par le moyen de cette cheville ainsi attachée au cordonnet, l'on peut donner telle longueur que l'on veut au pendulle ou pendillon, en mettant la cheville plus haut ou plus bas, & estant mis en mouvement à la hauteur d'un quart de quart de Cercle, ce qui se fait en éloignant le plomb de la perpendiculaire ou de son repos de deux pieds lorsque la cheville est au trou 72, d'un pied lorsque la cheville est au trou 36, & de 6 pouces lorsque la cheville est au trou 18 toujours un peu moins à mesure que le Pendule est moins long ; & laiſſant aller la boule ſans la forcer, le Pendule peut marquer juſqu'à la derniere préciſion la viteſſe ou la lenteur des mouvements de Muſique, par les Vibrations de ſes differentes longueurs.

USAGE DU CHRONOMETRE
ou maniere de s'en ſervir.

Toutes les differentes Meſures des mouvements de Muſique ſe peuvent reduire à deux, ſçavoir à la Meſure de deux Temps & à la Meſure de trois Temps. Car le quatre Temps ſe peut reduire à deux fois deux, le ſix à deux fois trois, le 9 à trois fois trois, le 12 à quatre fois trois ; Ainſi en déterminant les mouvements de Muſique par rapport à ces deux Meſures ſimples, on le détermine pour toutes les autres Meſures compoſées.

Si un Compoſiteur de Muſique veut marquer de quel mouvement il ſouhaite qu'on execute un Air qu'il aura compoſé de quelque Meſure que ce puiſſe eſtre, il faut qu'il commence par mettre la cheville dans un des trous, & qu'il mette enſuite le *Pendule* en mouvement ; Si les Vibrations ſont trop lentes il faut qu'il racourciſſe le Pendule en mettant la cheville dans un moindre chiffre ; Si les Vibrations ſont trop viſtes, il faut qu'il allonge le Pendule en le mettant dans un chiffre plus haut, juſqu'à ce qu'il ait trouvé le mouvement qu'il veut donner.

Lorſqu'il a trouvé le mouvement qu'il veut marquer il faut qu'il écrive le chiffre où ſe trouve la cheville, au deſſus du Signe de Meſure avec une Notte de Muſique qui fera connoître la valleur ou la durée de chaque Vibration.

F iij

Cet Inſtrument eſt particulierement propre pour marquer preciſément les mouvements des Ouvrages de Muſique qu'on envoye en des Pays éloignez, ou pour ſçavoir au juſte le mouvement de ceux qui en viennent, ſuppoſé qu'ils ſoient marquez par rapport à cet Inſtrument.

Il y a quelques années, que je donné un *Chronomatre* à une perſonne, qui a beaucoup de merite dans la Muſique; je luy môntré la maniere de s'en ſervir, il l'emporta en Italie là où il eſt preſentement; Un Muſicien qui vouloit envoyer quelques *Sonates* de ſa Compoſition à cette perſonne là, & qui eſtoit bien aiſe que ſes Airs fuſſent executez ſelon ſon intention, me vint trouver il y a quelque temps, & m'engagea à l'aider à marquer le mouvement de ſes Airs par rapport au *Chronometre*.

Il y avoit de toutes ſortes de Meſures & de toutes ſortes de mouvements dans ces Sonates.

La premiere Sonate eſtoit d'une Meſure à deux Temps lents; nous trouvâmes qu'il falloit mettre la cheville au chiffre 40, & que chaque Vibration valloit une Blanche, il écrivit 40 & une Blanche au deſſus du Signe de Meſure.

Un autre Morceau de la meſme Sonate étoit d'une Meſure à quatre Temps legers; nous trouvâmes qu'il falloit

mettre la cheville au chiffre 8, il écrivit & une Noire
au dessus du Signe.

de cette manière

Il y avoit ensuite un Morceau de Mesure $\frac{3}{2}$ tres-long,
nous trouvâmes qu'il falloit mettre la cheville au chiffre
10, & que la Vibration duroit une Blanche, il marqua.

La Sonate finissoit par un Morceau de Mesure $\frac{6}{4}$
nous trouvâmes qu'il falloit mettre la cheville au chiffre
16, & que chaque Vibration duroit une Blanche pointée,
il écrivit.

Il marqua les autres Sonates comme nous avions marqué celle-cy, & il est persuadé que ses Sonates seront
executées en Italie precisément du mesme mouvement
qu'elles le seroient s'il en battoit luy mesme Mesure ; Et

F iiij

CHRONOMETRE

c'est là la fin que je me suis proposée en cherchant cet Instrument.

Cet Instrument ne paroîtra pas d'une grande necessité ny mesme d'une grande utilité.

Premierement à ceux qui estant sçavants & qui ayant beaucoup d'usage tant de la Musique Françoise que dans la Musique des Etrangers, sont capables de juger de leur veritable mouvement ou à fort peu prés.

Secondement à ceux qui connoissant fort bien les Airs de Monsieur de Lully & les autres Airs de ce goust, negligent & méprisent mesme les autres Musiques.

Troisiémement à ceux qui n'ayant pour tout merite dans la Musique qu'une certaine routine, sans aucune finesse de goust, croyent qu'il est indifferent qu'un Air soit executé plus viste ou plus lentement.

Mais je me flatte que ceux qui ont le goust fin & qui ont éprouvé combien un Air perd de sa beauté lorsqu'il est executé trop viste ou trop lentement, me sçauront bon gré de leur donner un moyen seur pour en connoître le veritable mouvement, particulierement ceux qui demeurent dans les Provinces, lesquels pourront sçavoir au juste le veritable mouvement de tous les Ouvrages de Monsieur de Lully, que j'ay marqué tres-exactement par rapport au *Chronometre*, avec le secours des personnes qui les ont executez sous la Mesure de Monsieur de Lully mesme, pendant plusieurs années.

ABREGÉ
des Principes de Musique.

Sons ou Nottes.

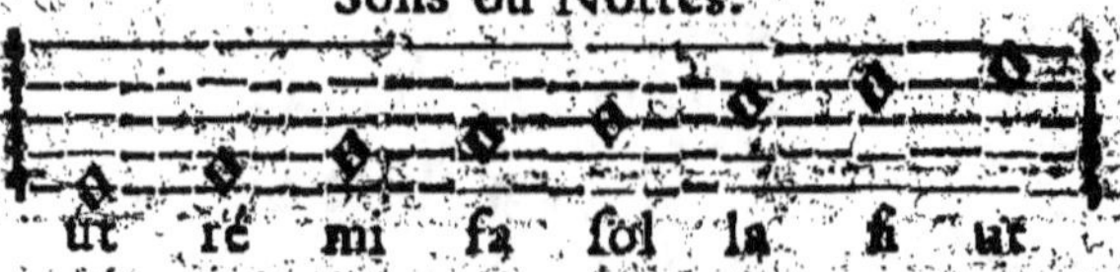

DIEZE.	BEMOL.	BEQUARRE.
Le Dieze hausse la Notte.	Le Bemol baisse la Notte.	Le Bequarre oste le Bemol.

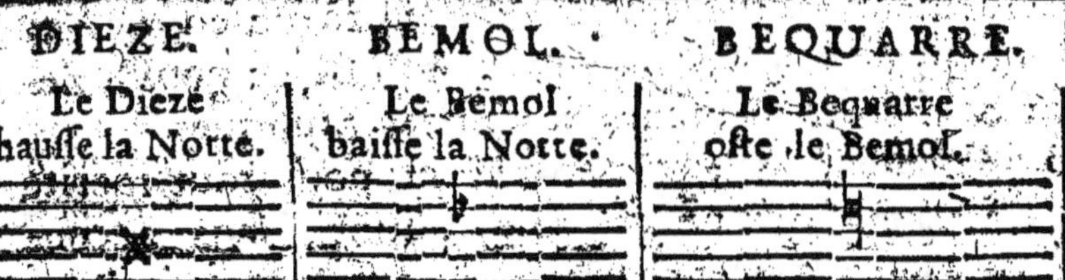

CLEFS.

Clefs de Sol.   Clefs d'Ut.   Clefs de Fa

NOMS, FIGVRES & VALLEVRS
des Nottes & Silences ordinaires.

La Ronde ou Entiere	La Blanche ou Demie	La Noire ou Quart	La Croche ou Huitiéme	La Double Croche ou Seiziéme
vaut 2. Blanches.	vaut 2. Noires.	vaut 2. Croches	vaut deux Doubles Croches.	quatre pour une Noire.

La Pause	La Demie Pause	Le Soupir	Le demi Soupir	Le Quart de Soupir
vaut une Ronde	vaut une Blanche.	vaut une Noire.	vaut une Croche.	vaut une Double Croche.

NOMS, FIGVRES & VALLEVRS
des Notes & Silences pour en usage.

La Maxime	La Quarrée à queüe	La Quarrée	Le Triple Croche
vaut 8. Rondes.	vaut 4. Rondes.	vaut 2. Rondes,	huit pour une Noire.

Le Grand Baton	Le Baton de 4. Pauses.	Le Baton de 2. Pauses	Le Triple Crocher
vaut 8 Rondes.	vaut 4. Rondes.	vaut 2. Rondes.	vaut une Triple Croche.

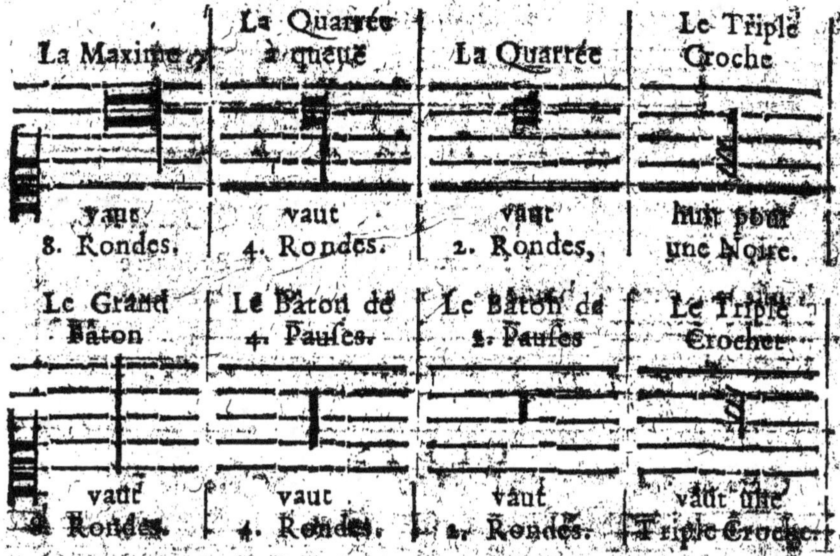

SIGNES DE TOUTES LES MESURES.

Signes de deux Temps.   Signes de trois Temps.

$$2 \quad \mathbf{C} \quad \frac{2}{4} \quad \frac{6}{2} \quad 3 \quad \frac{3}{4} \quad \frac{3}{8} \quad \frac{3}{16}$$

Signes de 4. Temps.   Signes de 6. Temps.   Signes de 9. Temps.

$$\mathbf{C} \quad \mathbf{C} \quad \frac{4}{8} \quad \frac{6}{4} \quad \frac{6}{8} \quad \frac{6}{16} \quad \frac{9}{4} \quad \frac{9}{8} \quad \frac{9}{16}$$

Signes de 12. Temps.   Triple Noir.   Triple Blanc.

$$\frac{12}{4} \quad \frac{12}{8} \quad \frac{12}{16}$$

LE POINT.

Le Point augmente la Note de sa moitié.

La Ronde pointée	La Blanche pointée	La Noire pointée	La Croche pointée
vaut Six Noires.	vaut trois Noires.	vaut trois Croches.	vaut trois Doub. Croches.

TRANSPOSITION.

Deux Diezes ou deux Bemols posez à l'Octave l'un de l'autre, ne sont comptez que pour un.

Les Diezes doivent estre posez à la Quinte l'un de l'autre en montant, ou à la Quarte en descendant.

Les Bemols doivent estre posez à la Quarte l'un de l'autre en montant, ou à la Quinte en descendant.

Le premier Dieze se pose toujours sur l'*F*.

Le premier Bemol se pose toujours sur le *B*.

Le dernier Dieze est une Clef de *Si*.

Le dernier Bemol est une Clef de *Fa*.

DIFFERENTS CARACTERES
dont on se sert dans la Musique.

Guidon	Grande Reprise.	Petite Reprise.	Point d'Orgue	Liaison.
	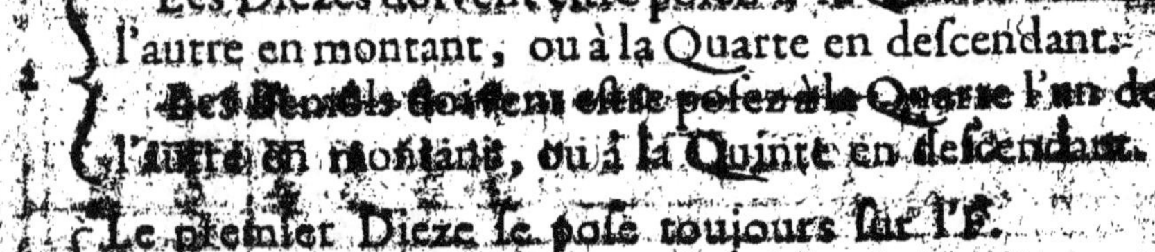 signe de repetion separation.	Renvoi.	Final	

AGREMENTS DV CHANT.

FIN.

TABLE

De ce qui est contenu dans la premiere Partie.

TABLE

De ce qui est contenu dans la seconde Partie.

TABLE

De ce qui est contenu dans la troisiéme partie.

FIN.